에베소서 선교적 읽기

바울이 꿈꾸던 선교와 공동체

**품시리즈**

"품"은 출판을 통해서 세계선교를 위한 성찰적인 기능과 새로운 대안을 모색하는 GMF Press의 시리즈 명칭입니다. 사단법인 한국해외선교회(Global Missionary Fellowship: 약칭 GMF)는 1987년에 설립된 초교파 복음주의 선교 공동체이며, 세계 복음화를 위해 한국 교회와 전 세계 교회의 파트너로서 섬기는 일을 다하고 있습니다. GMF 산하에는 다음과 같은 기관이 있습니다.

파송기관: GBT, GMP, HOPE, FMnC
지원기관: KRIM, GMTC, GPTI, GLFocus, MK-Nest, SNS, 법인사무국
품시리즈 위원: 권성찬, 김효찬, 이경춘, 홍현철

'품시리즈'는 GMF 감사로 섬겨주신 故최윤호 장로님을 추모하는 기금으로 시작되었습니다.

*일러두기
 이 책은 대한인쇄문화협회에서 제공한 서체(바른바탕체)가 적용되어 있습니다.

에베소서 선교적 읽기
바울이 꿈꾸던 선교와 공동체

초판 1쇄 발행	2025년 9월 30일
발 행 처	사)한국해외선교회 출판부(GMF Press)
지 은 이	한종석
편 집 인	홍현철
디 자 인	윤희정
주 소	서울 양천구 목동중앙본로18길 78, 4층
진 화	(02)2654-1006
이 메 일	krim@krim.org
등 록 번 호	제21-196호
등 록 일	1990년 9월 28일

바울이 꿈꾸던 선교와 공동체

에베소서

선교적 읽기

한종석 지음

한국해외선교회출판부

목차

저자를 학생 때부터 알았고, 결혼에도 일부 영향을 주었다. 저자가 선교사가 되어 성경번역선교를 하기 위해 서남아시아로 가게 된 과정에도 일부 영향을 주었다. 저자가 박사 논문의 방향을 성경의 선교적 읽기로 정할 때도 일부 영향을 주었다. 이 세가지 사실만으로도 이 책을 추천할 충분한 이유가 된다.

하지만 이 책을 추천하는 실제 이유는 위 세 가지와는 상관없이 다음 세 가지 때문이다.

먼저, 이 책은 선교사가 성경 본문을 다룬 책이라는 사실이다. 오랫동안 선교사에게는 설령 논문을 쓰더라도 현장과 관련된 주제를 쓰도록 무언의 압박이 있었다. 특히 성경 본문은 마치 서양 학자들이 이미 다 연구했기에 더 이상 연구할 것이 없는 것처럼 생각되어 왔다. 그래서 정작 선교에 관한 성경적인 기초는 학자들만의 몫인 것처럼 여겨져 실제 선교 현장에서 오랜 경험을 갖추고도 선교계에서는 성경 본문을 잘 다루지 못했다. 오늘날 세계 기독교 시대를 맞아 다양한 관점을 가진 교회와 문화로 성경을 읽어내는 일이 필요한데, 이렇게 선교사가 성경 본문을 연구했다는 점에서 새로운 관점을 제공한다. 그리고 성경 본문에 대한 선교사의 시각을 학계와 교회에 제공한다는 점에서 매우 중요한 책이다.

두 번째로, 성경의 선교적 읽기를 했다는 점이다. 성경의 선교적 읽기 역시 일부 선교 경험을 가진 선교학자들이 참여하긴 해도 역시 주도하는 주류는 학자들이다. 학자들의 도움을 감사히 여기면서도, 동시에 현장에서 선교를 경험하는 선교사들이 더욱 연구하고 실천하지 않는다면 성경의 선교적 읽기는 그저 또 하나의 학문 영역으로 축소되고 말 것이다. 선교적 읽기에서 거대서사를 말하는 목소리는 많지만 정작 성경의 각 권을 하나씩 깊이 연구하는 일은 잘 일어나지 않고 있다. 이러한 때에 현장의 선교사가 에베소서라는 한 권을 그 속의 특정 본문이나 교회론과 같은 특정 주제가 아니라 선교적 관점으로 전체를 읽었다는 점에서 매우 귀하며, 뒤이어 연구의 기회를 갖는 선교사들이 성경의 또 다른 각 권을 연구할 때에 큰 도움이 될 것이다.

마지막으로, 선교적 읽기에서 성경 본문과 상황의 관계를 잘 보여준 책이라는 점이다. 그런 점에서 이 책은 두고 두고 좋은 사례가 될 것이다. 헌스버거라는 분이 성경의 선교적 읽기를 말하는 여러 연구가들의 주장을 몇 개의 흐름으로 정리했는데, 그중에 상황을 강조하는 흐름이 있다. 말하자면 남한강도 있고, 북한강도 있다고 정리한 것이다. 도움이 되지만 그 주장을 무한반복할 필요는 없다. 더 연구하여 그 두 강이 양수리에서 만나고, 한강이 되고, 서해로 들어간다는 데까지 연구해야 한다. 그렇지 않고 그저 상황이라는 강이 하나 있다고 말하면, 그때부터 상황만을 별도로 강조하는 흐름이 생기고, 그래서 누구나 자기 상황에서 읽으면 그것이 곧 선교적 읽기라는 어처구니없는 주장이 생긴다.

이 책은 선교지의 기독교 공동체라는 상황이 에베소서라는 성경 본문을 새로운 관점으로 읽게 하는 실마리(clue-context)의 역할을 제공하여 본문의 의미를 새로운 선교적 해석으로 나아가도록 하고 있다. 선교적 읽기에서 상황의 역할과 한계를 정확하게 보여준 연구이다.

이 책이 교회론에 머물러 있는 에베소서 읽기를 뛰어넘어, 바울이 간절한 마음으로 에베소서 교인들과 당대의 성도들, 그리고 오늘날 우리에게 전하는 살아있는 말씀을 나누는 시작이 되기를 간절히 바란다.

권성찬(GMF 대표)

이 책은 기독교인이 누구인지에 대한 질문에서 시작되었다. 우리 나라에서 기독교인이라고 하면 예수를 믿으며 교회를 다니는 사람 으로 인식된다. 기독교인이 되는 것 혹은 기독교인이 되지 않는 것은 다른 정치·사회적인 사항을 고려하지 않고도 가능하고 대부 분의 경우 개인의 결정사항이다. 기독교인에 대한 이러한 생각은 선교사로 파키스탄에 가기 전까지 지속되었으나, 선교사로 파키스 탄에서 몇 년간 살면서 급격히 바뀌기 시작했다. 왜냐하면 내가 알던 한국의 교회, 기독교인과 파키스탄 교회와 기독교인들은 다 른 성격을 가진 공동체였고, 기독교인이라는 것은 한국과 같이 단 순히 신앙적인 정체성만을 말하는 것이 아니었기 때문이다.

파키스탄 기독교인들은 불가촉천민의 후손으로서 가지는 기독교 종족으로서의 정체성, 사회적으로 하부 계층을 이루고 있는 사회·경제적인 정체성, 그리스도를 구주로 고백하는 영적인 정체성 등을 가지고 있다.[1] 파키스탄 기독교인의 90% 이상을 이루고 있는 펀자비(*Punjabi*) 기독교인들의 대부분은 기독교 가정에서 태어나 기독교 공동체의 일원이 되어 평생을 살아가지만 모두가 지역교회의 일원이 되는 것은 아니다. 많은 기독교인들이 교회에 출석하지 않고 세례를 받지 않았음에도 자신을 기독교인이라고 여긴다. 이러한 상황에서 대부분은 명목적인 기독교인들로 영적인 정체성의 영향력이 미미할 수밖에 없고, 그리스도를 구주로 고백하는 영적인 정체성을 회복하지 않는 한 진정한 의미의 정체성 확립은 어렵다고 볼 수 있다.

파키스탄에서의 경험은 나로 하여금 기독교인의 정체성에 대해서 그리고 교회가 무엇인가에 대해서 다시 돌아보게 하였다. 또한 차별과 핍박 속에서도 그들의 종교를 버리거나 사회·경제적인 이익을 얻기 위해 무슬림으로 개종하지 않는 파키스탄 기독교인들이 주는 선교적인 의미가 무엇인지 질문하게 하였다. 무슬림의 땅에서 핍박을 당하며 살고 있으면서도 기독교인으로서의 정체성을 버리지 않고 살아가는 파키스탄 기독교인들의 삶은 핍박 가운데 선교 공동체로서의 정체성을 지킨 초대교회를 생각나게 하였고, 성경을 선교적으로 읽게 하는 실마리를 제공하였다. 선교지의 상황에서 갖게 된 기독교인의 정체성 그리고 교회에 대한 일련의 질문은 나로 하여금 성경으로 돌아가 '교회-하나님의 백성'의 정체성에 대해 찾도록 했고, 신구약의 많은 책들 중에서 교회의 정체성이 중요한 주제인 에베소서로 이끌었다.

이 책은 이러한 질문에 대해 에베소서를 선교적인 관점에서 읽었을 때 얻은 배움을 정리한 것이다. **이 책에서 에베소서가 말하는 삼위일체 중심의 하나님의 선교, 하나님의 선교의 열매와 참여자로서의 그리스도인 공동체, 그리고 바울과 신약 교회의 정체성에 영향을 준 구약 공동체와의 연속성을 이야기할 것이다.** 선교적인 관점을 가지고 발견한 에베소서의 가르침 속에서 삼위일체 하나님께서 선교를 통해 하시고자 하는 일과 하나님의 선교의 열매이자 참여자로 부르심을 받은 우리의 정체성을 다시 되새기는 데 작은 도움이 되기를 바란다.

"에베소서의 성경적 읽기"라는 제목의 박사 논문을 책으로 출간하도록 권면해 준 한국해외선교회(GMF) 품시리즈 위원들, 그리고 원고를 꼼꼼하게 읽고 여러 가지 도움말을 주신 크림의 홍현철 원장을 비롯한 사역자 분들께 감사드린다. 무엇보다도 논문을 쓸 수 있는 영감과 토양을 제공해 준 파키스탄 교회에 큰 빛을 졌음을 이야기하지 않을 수 없다. 이 책이 나올 수 있도록 파키스탄에서의 삶을 함께 해 오고 표지의 그림을 그려 준 아내 정희승 선교사에게도 고마움을 전한다. 이 책이 하나님의 영광과 선교를 위해 사용되기를 소망한다.

1_바울의 선교편지

에베소서는 흔히 보편적 교회에 대한 교리를 가르치는 책으로 이해되고 있다. 에베소서가 교회에 대해서, 특히 그리스도인들의 하나됨을 강조하는 것은 사실이다. 그러나 **에베소서는 태초 이전에 시작된 하나님의 선교의 파노라마와 그 안에서 에베소 교인들[2]의 정체성과 소명을 이야기하는 선교적 문서로 읽는 것이 더 타당하다.** 이 타당성을 뒷받침하기 위해서 선교적 성경읽기에 대한 얼마간의 이해가 필요하다.

선교적으로
성경을 읽기

초등학교 때 교회에 다니기 시작한 이후로 신앙이 성장하면서 나에게는 성경을 이해하는 것에 대한 의문이 늘 있었다. 그 의문은 "만약에 성경구절에 대한 이해가 하나님이나 성경을 쓴 이들이 원래의 독자들에게 전달하고자 하는 의미와 다르면 어떡하나?" 하는 것이었다. 그렇다면 내가 믿는 기독교가 하나님께서 원래 우리로 하여금 믿게 하고자 하시는 그 계시와 다른 것일 수도 있다는 심각한 고민을 하기도 했다. 그리고 성경구절이 원래의 상황과는 전혀 상관없이 사용되는 것은 이 고민을 더 깊게 만들었다.

예를 들어 우리가 새로운 사업을 시작하거나 이사를 하게 되면 교회로부터 새로운 장소에서 번창할 것을 기원하면서 성경구절이 쓰여진 거울이나 액자를 선물로 받는 경우가 있다. 주로 쓰이는 성경구절은 "네 시작은 미약하였으나 네 나중은 심히 창대하리라"(욥 8:7)나 "내게 능력 주시는 자 안에서 내가 모든 것을 할 수 있느니라"(빌 4:13)와 같은 구절들이었다. 그러나 이 구절들이 개업이나 이사를 축하하기 위해 기록된 것도 아니고 신자들의 번창을 위한 기도도 아닌 것을 알게 되었을 때 매우 당황스러웠다. 그리고 본문의 원래의 자리와 상관없이 독자들이 자신들이 원하는 대로 성경본문을 해석하고 사용하는 것이 정당한가 하는 질문을 하기 시작했다.

우리는 각자의 렌즈를 끼고 세상을 바라본다. 사람들은 자신의 주장이 옳다는 것을 드러내는 방편으로 '객관적으로 볼 때'라는 말을 무의식적으로 혹은 습관적으로 한다. 그러나 아무리 객관적이라고 주장하여도 개인의 경험, 삶의 자리, 속한 공동체의 영향을 완전히 배제하고 세상을 바라볼 수는 없다. 왜냐하면 사람은 태어날 때부터 이미 한 공동체, 가족, 문화, 언어의 일원으로 태어나기 때문이다. 같은 사건을 동일하게 보고도 자신의 입장에 따라 다른 이야기를 하는 것을 우리는 어렵지 않게 보게 된다. 예수님께서도 갈릴리에서 태어난 유대인 남자의 자리 그리고 하나님의 아들로 세상을 구원하시기 위해 보내심을 받은 분으로서 구약성경을 이해 하시고 해석하셨으니 우리가 태생적으로 주관적일 수밖에 없다는 것은 자명한 일이다.

본문 이해에서 독자의 주관성을 극대화한 것이 '독자반응비 평'(Reader Response Criticism)이라고 하는 해석법이다. 이 해석법은 성 경과 같은 고대 문서를 읽을 때 이미 세상에 존재하지 않는 독자의 의도를 찾기가 거의 불가능하고 본문은 독자가 읽기 전에는 스스 로 의미를 전달할 수 없으니, 본문 해석의 주체는 독자이고 그 의 미는 독자마다 다른 것이 당연하다고 주장한다. 따라서 독자는 의 미를 해석하는 것이 아니라 창조하는 것이고, 해석은 독자가 본문 을 어떻게 읽는지에 따라 완전히 주관적일 수밖에 없다는 것이다.

역사적으로 성경을 읽는 다양한 렌즈가 있어 왔다. 먼 과거로 가지 않더라도 객관적인 진리나 모든 것을 아우르는 거대서사를 부정하는 포스트모던 시대에 이르러서는 자신이 처한 공동체의 입 장을 통해 성경을 해석하는 다양한 해석을 우리는 보았다. 바로 해방신학, 여성신학, 흑인신학, 달릿신학 그리고 우리나라의 민중 신학 등이 바로 이러한 해석의 예들이다. 그렇다면 각자의 렌즈를 끼고 세상을 바라보는 것이 당연하니 개인이 가진 다양한 렌즈 혹 은 공동체가 가진 렌즈로 읽는 성경해석이 모두 수용 가능하다고 볼 수 있는가? 하는 실문이 세기된다. 만약에 그렇다면 성경의 저 자이시고 궁극적으로 계시와 역사의 주인이신 하나님은 성경의 의미를 결정하는 권위를 잃게 되신다.

어떠한 독자도 주관적일 수밖에 없다는 사실을 받아들여야 하지만, 독자는 저자가 의도하지 않은 의미를 창조할 수도 없다는 것을 받아들여야 한다. 우리는 상황화 신학이나 자신의 자리에서 성경을 읽는 것의 가치를 부인하지 않더라도 성경의 저자가 전달하기 원하는 의미가 무엇인지를 지속적으로 찾는 노력을 포기해서는 안된다. 다른 말로 하면, 포스트모던 사회에서 해석의 다양성을 부인할 수 없다고 해도 위에서 열거한 다양한 성경해석이 보편적인 교회 전체가 함께 공감하는 성경해석으로 받아들일 수 있는가? 하는 질문이기도 하다. **그렇다면 다양한 성경해석의 관점 중에서 성경 전체를 아우르는 하나님의 의도를 드러내는 해석의 관점은 무엇인가?** 이러한 해석의 관점이 존재하는가?

여러 가지 성경해석의 관점 중에서 성경 전체를 아우르는 주제가 하나님의 선교이고 '성경 전체가 선교적'이라는 새로운 관점에서 성경을 읽어야 한다는 이해가 대두되었다. 이를 우리는 "선교적 성경읽기" 혹은 "선교적 성경해석학"이라고 부른다. 선교적 성경읽기는 성경을 하나님의 선교의 결과이자 하나님의 선교를 위해 하나님의 백성을 빚어가는 선교의 도구로서 이해한다. 따라서 하나님의 선교는 성경 전체에 흐르는 주제이고 모든 기독교인들이 관심을 갖고 참여해야 하는 것이다. 크리스토퍼 라이트(Christopher Wright)는 선교적 성경읽기가 다문화적인 성경읽기, 상황화 신학, 포스트모던적인 해석학의 단점들을 극복한다고 말한다.[3] **선교적**

성경읽기는 성경의 실제를 반영하는 읽기이고, 유대인이나 헬라인이나, 종이나 자유인이나, 남성이나 여성이나, 가난하거나 부유하거나 상관없이 하나님의 선교의 참여자로서, 즉 하나님의 선교에 참여하는 것이 본질인 교회의 구성원인 모든 기독교인들의 상황과 관심을 반영하는 성경해석법이다.

바울의 선교편지
에베소서

에베소서는 역사적으로 교회가 무엇인지에 대한 이해에 지대한 역할을 해 온 서신서이다.[4] 최근 교회론에 대한 관심이 높아지는 가운데[5] 에베소서를 새롭게 읽을 필요성이 대두되고 있다. 에베소서의 중심 주제는 여전히 사랑을 통한 교회의 하나됨으로 여겨지고 있고, 따라서 에베소서가 교회의 이해에 대해 알려주는 것은 그리스도인의 연합/일치 혹은 초대교회의 보편성에 대한 증거로 한정되어 왔다.

서구 기독교의 쇠퇴와 비서구 교회의 급속한 성장으로 인한 선교 환경의 변화로 교회의 본질에 대한 새로운 이해의 필요성이 대두되었다.[6] 선교 상황의 변화에 따른 교회의 본질에 대한 새로운 이해의 필요성은 교회와 선교의 불가분한 관계로 이어진다. 교회와 선교의 불가분한 관계를 생각할 때 에베소서의 중요성은 그리스도 안에서 교회의 하나됨과 교회의 직제에 관한 가르침을 넘어서 교회의 선교적 정체성과 책무로 이어져야 한다. **에베소서는 하나님의 선교 안에서 교회의 역할에 대한 바울의 심오한 이해의 표현인 것이다.**

이러한 교회론적인 중요성과 더불어 에베소서는 선교적 문서로 세 가지 중요한 가르침을 주고 있다. 먼저 에베소서는 교회에 대한 중요성을 강조함으로써 우리의 관심을 개인의 영혼구원에서 믿는 자들의 공동체로 확장시키고 있다. 에베소서는 기독교의 궁극적인 목표가 개인의 구원이 아니고 하나님의 영광을 위한 부르심에 대한 공동체적인 응답임을 알려주고 있다. 두 번째로, 바울은 에베소서를 통해서 구약의 하나님의 백성이 가진 특징을 에베소 교인들도 가지고 있음을 알려주고 있다. 구약의 하나님의 백성을 특징짓는 틀은 '부르심-공동체적인 기념-보내심'인데 이 틀은 이방인에게 보내진 주님의 사도로서 바울 자신의 선교적 정체성을 반영하고 있고 또한 에베소서도 이 틀 안에서 구성되어 있다.[7] 세 번째로, 에베소서는 바울이 에베소에 있는 이방 그리스도인들이 처한 선교적 상황에서 그들이 하나님의 백성으로서 어떻게 살아야 하는지에 대한 바울의 가르침을 담은 서신이다.

에베소서를 선교적으로
어떻게 읽을까?

에베소서는 기독교 복음과 의미를 포괄적으

로 요약한 조감도를 제공함과 동시에 다른 바울서신이 하나님의 선교 안에서 서로 어떻게 연결이 되었는지 볼 수 있도록 독자들을 돕는 서신이다. 이 책에서는 에베소서의 선교적 중요성을 염두에 두고 선교적 읽기를 할 때 다음의 관점에서 읽도록 하겠다.

성경은 독자들에게 온 세계를 위한 하나님과 그의 백성들의 선교 이야기를 들려준다. 이 이야기는 창세기부터 계시록까지 이어지는 구원의 선교적 흐름을 지니고 있다. 성경의 거대서사는 몸의 뼈대이고 각 책들은 장기를 비롯한 몸의 다른 부분을 이룬다.[8] 거대서사의 선교적 방향성은 각각의 책을 지탱하는 척추의 역할을 하므로 이 방향성이 없으면 몸의 각 부분은 무너지고 말 것이다. 따라서 에베소서는 성경 전체의 일부로 거대서사의 한 부분으로 또한 하나님의 선교의 결과물과 도구로 읽혀져야 한다.

하나님의 선교의 결과물로서 에베소서는 1) 하나님의 선교의 삼위일체적 본성, 2) 하나님의 선교의 범위, 3) 구약의 하나님의 백성의 연속선상에서 이해하는 에베소 그리스도인, 4) 하나님의 선교의 열매로서 특수성에서 보편성으로의 선교적 운동의 열매를 보여주는 서신서이다.

하나님의 백성을 선교의 도구 혹은 참여자로 빚어 나가기 위해 에베소서는 1) 선교적 공동체로서 하나님 그리스도의 몸인 교회, 2) 거룩한 그리스도의 몸의 지체로서 개개인 성도의 삶, 3) 하나님의 백성의 선교적 삶을 이루시는 삼위일체 하나님에 대해 가르친다.

이렇게 하나님의 선교의 열매이자 하나님의 백성을 참여자로 준비시키는 글로 읽는다고 해도 진공 상태에서 읽을 수는 없다. 성경의 독자는 최대한 원저자인 하나님의 의도와 전달하시고자 하는 뜻을 이해하려고 노력함과 동시에 자신이 처한 선교적 자리가 성경을 읽는 고정된 틀이 아니라 본문을 이해하는 실마리를 제공함을 인지해야 한다. 성경을 해석하는 독자로서 나의 자리와 선교사로 사역한 파키스탄의 선교적 상황은 이전에 보지 못했던 본문의 의미를 이해하는 실마리를 제공한다.

이러한 실마리는 내가 가진 틀에 의해서 해석을 고착화시키는 것이 아니라 오히려 더 겸손하게 하나님의 뜻을 구할 수 있게 한다. 또한 선교적 자리에서 생긴 경험과 또 그 안에 일어난 다양한 질문은 그 자리에 있지 않았으면 상상할 수 없고 발견할 수 없었을 성경해석의 풍부성을 제공한다. 이렇게 독자인 나의 개인적인 선교적 자리와 선교지의 상황이 제공하는 실마리와 하나님의 선교의 결과 및 도구로서의 본문은 서로 상호 작용을 하여 본문의 이해를 더 깊게 그리고 더 넓게 확장시킨다. 이제 하나님의 선교의 결과물이자 도구로서의 에베소서의 선교적 읽기를 시작하겠다.

2_구약에 잇댄 하나님 백성의 형성

1-3장

'히브리인 중의 히브리인'(빌 3:5)으로 바울이 구약의 주제와 가르침에 익숙했을 것이라는 것은 의심할 여지가 없다. 에베소서에서 바울은 이방인 그리스도인들을 하나님의 선교의 참여자로 빚어가기 위한 가르침의 많은 부분을 구약에 기초를 두고 써내려가고 있다. 바울은 크게 세 가지 장치를 사용해서 자신의 가르침이 구약에 기초하고 있다는 사실을 보여주고 있다. 먼저 헬라어 한 문장으로 구성된 긴 찬송시이다(1:3-14).

창조적으로 재해석된
구약의 찬송시

바울은 비교적 긴 찬송시로 에베소에 있는 그리스도인들에게 보내는 편지를 시작한다. 이는 수신자들의 삶으로 인해서 하나님께 드리는 감사와 기도로 시작하는 다른 서신서(롬 1:8; 고전 1:4; 골 1:3)와 비교하면 독특하다. **이 찬송시는 하나님과 그의 백성의 선교라는 에베소서 전체의 주제에 대한 기초를 제공한다.**[9]

바울이 비록 찬송시를 자신의 언어로 창조적으로 구성하였다고 해도, 그가 이 찬송시를 새롭게 만든 것은 아니다. 바울은 멜기세덱이 아브라함을 적들의 손에서 구하신 하나님을 찬송하고(창 14:20), 솔로몬이 하나님께 드리는 성전 봉헌 감사 기도의 시작과 끝에서 하나님을 찬양하고(왕상 8:15, 56), 그 후에 발전하여 시편을 마무리하는 형식으로 사용된 찬송시(시 41:13; 72:18-19; 89:52; 106:48; 150)를 재해석하여 창조적으로 사용하고 있다.

바울은 에베소서의 서두에서만 찬송시를 사용한 것이 아니고 유사하지만 더 짧은 찬송시를 고린도후서에서도 사용하고 있다(고후 1:3-4). 아마도 당시의 유대 기독교인들은 구약에서 사용된 찬송시에 익숙한 것으로 보여진다. 왜냐하면 베드로도 에베소서에서 사용된 찬송시와 유사한 찬송시를 사용하고 있기 때문이다(벧전 1:3-5).

신약에 나오는 찬송시 중에 에베소서의 찬송시가 가장 광범위하고 발전된 형태이다. **이 찬송시가 구약의 찬송시와 가장 구별되는 것은 성부 하나님이 유일한 찬송의 대상인 구약과는 달리 예수 그리스도를 찬양하기 때문이다.** 하나님 아버지를 우리 주 예수 그리스도의 아버지로 부르고 예수님을 '주님'으로 부름으로써 바울은 예수님을 찬송의 대상으로 삼고 있다. 또한 바울은 하나님과 구약의 언약 백성인 이스라엘과의 관계를 예수 그리스도를 통한 성부 하나님과 그리스도인의 관계로 확장시키고 있다.[10]

에베소서의 찬송시가 다른 서신서의 찬송시들과 다른 점은 **하나**

님의 삼위일체적인 본성이 명확히 드러나고 있다는 것이다. 성부 하나님은 구원을 계획하시고 주재하시며, 성자 하나님은 그 구원의 중심에 계시고, 성령 하나님은 성부께서 구원하신 백성들에게 복을 내리시는 분으로 나타나고 있다. 바울은 찬송시의 첫 구절부터 선교의 삼위일체적인 본성을 드러내고 있고, 이는 찬송시 나머지 부분과 서신서 전체의 중심 주제로 흐르고 있다. 바울은 찬송의 대상을 구약의 하나님으로부터 삼위일체 하나님으로 확장시키고, 에베소의 신자들을 하나님의 백성에 포함시킨다. 이를 통해서 하나님의 백성의 정체성이 민족적인 이스라엘에서 그리스도 안에서의 모든 민족으로 확장됨을 강조하고 있다.

이 찬송시는 성경의 거대서사를 아우르고 있는데, 창세 이전으로 거슬러 올라가 창세 전에 시작되어서 믿는 자들을 구원하시고 하나님의 은혜의 영광을 찬송하게 하시는 하나님의 목적과 모든 것이 다 궁극적으로 그리스도 안에서 통일되는 마지막을 거침없이 서술하고 있다. 바울은 구약의 창조적인 확장인 찬송시를 통해서 지금 에베소 교인들에게 가르치고 있는 **하나님의 선교의 내용이 구약에 근거하고 있을 뿐 아니라 에베소 교인들이 구약에 등장하는 하나님의 백성의 연속이고 거대서사의 일부임**을 알려주고 있나.

다르나 같은
너희와 우리

에베소서가 구약에 기초하고 있음을 보여주는 또 다른 주제는 바울의 '우리/유대인'과 '너희/이방인'의 구분이다(1:11-14; 2:3-10; 3:1-14). 에베소서만큼 '우리'와 '너희'라는 언어를 사용해서 유대인과 이방인의 구별을 확실하게 하는 서신서는 없다.

첫 번째 구분은 1장에 나타난다(1:11-14). 이 구절에서는 인칭의 움직임이 일어나고 있다. "우리"(바울과 유대 기독교인들, 11-12절)에서 "너희 또한"(이방인 그리스도인들, 13절)으로, 그리고 새로운 "우리"(모든 기독교인들, 14절)로의 움직임이 있다. 마찬가지로 이러한 구분은 2장에서 반복된다(2:1-10). "너희"(이방 그리스도인들, 1-2절)와 "우리"(유대 그리스도인들, 3절)의 구분은 새로운 "우리"(그리스도 안에서 새로운 피조물로서 모든 그리스도인들, 4-5절)로 중화되고 합쳐지게 된다.

바울은 이방인(2:1-2)과 유대인(2:3)의 죄악을 공통으로 지적하고 "우리"를 그리스도 안에서 함께 살리셨다고 말함으로써(4-5절), 이방인과 유대인 그리스도인들을 연합시키고, 마침내 유대와 이방인 그리스도인들이 그리스도 안에서 하나님의 하나된 피조물임을 선포한다(10절). 다시 이러한 바울의 생각은 2장 11-22절에서 정점을 찍는데, 유대 그리스도인들과 이방 그리스도인들이 민족의 구분

없이 새로운 "우리"가 되고 그리스도 안에서 화해하게 된다(2:14). 바울은 "우리"와 "너희"의 구분을, 화해를 이야기한 이후인 3장에서도 고수한다. **바울은 이러한 구분을 통해 구원이 유대인에게서 시작되어 이방인으로 확장되고, 결국 그 둘이 그리스도 안에서 화해하고 하나가 되는 유대 기독교인들의 우선성을 이야기한다.**

그러나 이러한 유대 기독교인들의 우선성은 이방인들에 대한 자신들의 민족적 우월성에 근거하지 않고 하나님이 주신 언약에 근거한다. 바울은 이방인들과 마찬가지로 육신의 욕망과 생각을 따르는 유대인들의 절망적인 상황을 묘사하고 있다(2:1-3). 마찬가지로 로마서에서 유대인이나 헬라인이나 다 죄 아래에 있음을 우리가 이미 선언했다고 결론을 내린다(롬 3:9). 따라서 유대인들은 이방인들에 비해 하나도 나은 것이 없다.

이러한 바울의 결론은 유대인의 유익이 범사에 많다고 한 자신의 말과 대치되는 것으로 보인다(롬 3:2). 그러나 두 구절은 서로 대치되는 것이 아니라 서로 다른 문제를 이야기하는 것이다(롬 3:2, 9). 유대인의 유익은 하나님의 선하심에 전적으로 의존하므로 자신들 안에 있는 것이 아니고 외부에서 주어진 것이다(롬 3:2). 유대인의 죄악됨은 자신들이 자랑할 것이 아무것도 없는 그들의 내부로부터 오는 것이다(롬 3:9). 따라서 이러한 바울의 유대인에 대한 입장의 차이는 구약에서 약속하신 자신의 언약을 지키시는 하나님의 신실하심과 주권을 강조하기 위한 것이라고 결론내릴 수 있다.

이스라엘에게 주어진 우선성은 하나님께서 언약만 하시는 분이 아니라 그 언약을 지키시는 분이심을 보여준다. 만약에 하나님께서 이스라엘의 선택을 무효화하시면 이방인들은 자신들이 하나님을 믿어야 하는 근거를 잃게 될 것이다. 또한 그리스도 안에서의 자신들의 선택이 흔들림 없고, 되돌릴 수 없으며, 영원한 것인지에 대해 의문을 제기할 것이다. 이와 같이 유대인들과 이방인들의 구별은 이방인들로 하여금 이스라엘의 하나님을 자신들의 하나님으로 받아들이는 데 있어서 장애물이 되는 것이 아니라 하나님의 신실성을 확인하는 것이다. 더 나아가서, 이방인 그리스도인들로 하여금 자신들의 노력이나 자긍심이 아니라 하나님께 집중할 수 있게 한다.

유대인과 이방인의 구분은 에베소서에서만 발견되는 것이 아니고 구약에 그 뿌리를 두고 있다. 다양한 곳에서 구약의 저자들이 하나님을 이스라엘의 하나님으로 언급함으로써 이스라엘의 구별됨을 표현하고 있다(삼하 23:3; 시 50:7; 59:5; 68:8, 35; 72:18; 사 45:15; 렘 45:2; 수 10:42). 하나님께서는 그들의 조상을 사랑하심으로 이스라엘을 다른 모든 민족보다 먼저 택하고 계신다(신 10:15). 이사야서는 하나님을 이스라엘의 남편으로 부름으로 하나님과 이스라엘의 친밀성을 드러내고 있다(사 54:5). 그러나 이사야서는 같은 구절에서 모든 열방에 대한 구원의 가능성도 내비치고 있다 "그는 온 땅의 하나님이라 일컬음을 받으실 것이라." 하나님께서 이스라엘을 먼저 선택하셨음에도 불구하고, 이 택함은 이스라엘만을 위한 것이 아니고 모든 열방을 위한 것이다.

이스라엘로 시작해서 열방으로 향하는 구약에서 그려진 하나님의 비전은 바울의 이해와 상통한다. **따라서 '우리'와 '너희'의 에베소서에서의 구분은 하나님께서 자신의 백성에게 주신 구약에서의 언약과 계획의 신실하심을 보여 준다.** 유대인과 이방인의 구분은 유대인이 이방인에게 영적으로 우월하다는 것을 의미하지 않는다. 유대인의 일시적인 우선성은 그리스도 안에 있는 하나님의 영원한 우선성을 반영한다. 또한 이스라엘의 우선적인 선택은 창조와 그리스도께서 이땅에 오시는 사건 사이의 시간에도 하나님께서 여전히 일하고 현존하고 계심을 보여준다.

에베소서에서 비록 유대인의 우선성이 강조되고 있지만, 바울은 에베소서 전반에 걸쳐 유대인과 이방인의 끊을 수 없는 관계와 하나됨을 강조하고 있다. 바울이 '우리'와 '너희'라는 언어를 사용한 것은 구약의 하나님의 백성에게 주어진 동일한 하나님의 약속과 계획이 이방인들 안에서도 이루어졌음을 보여주기 위함이다. 또한 '우리'와 '너희'를 하나되게 하시고(3:14), 유대인들과 이방인들을 위해서 미리 준비하신 그리스도 안에서의 선한 일을 하도록 하나님께서 그들을 함께 지으셨음을 선언하기 위함이다(2:10).

움직이는
새로운 성전

　　　　　바울은 '이방인 신자들은 유대인들과 함께 하나님이 거하시는 성전이 되어간다'라고 결론적으로 이야기한다. "그의 안에서 건물마다 서로 연결하여 주 안에서 성전이 되어 가고 너희도 성령 안에서 하나님이 거하실 처소가 되기 위하여 그리스도 예수 안에서 함께 지어져 가느니라"(엡 2:21-22). 바울은 그의 서신들의 어느 부분보다 이 구절에서 교회를 성전으로 분명히 묘사한다. 바울은 유대인과 이방인 모두가 구약의 성전의 연속이고 완성임을 보여주기 위해 성전 상징을 사용하고 있다. **바울에게 있어서 교회는 구약에서 기대하고 있는 종말론적인 성전의 실현이다.**

　이방인이 하나님의 성전으로 나오는 사건은 많은 구약의 구절들에 의해 확인된다(시 96:7-8; 사 2:2-3; 25:6; 56:6-7; 66:23; 렘 3:17; 미 4:1-2; 슥 2:10-11). 스가랴서에서는 "내가 와서 네 가운데 머물 것임이라"라는 구절이 반복된다(슥 2:10-11). "머물다"라는 단어는 많은 나라가 여호와의 백성이 될 것이라는 예언과 함께 나오는데, 이방민족이 하나님의 백성의 일부가 될 것임을 확인하고 보증한다.[11]

　따라서 하나님이 거하시는 장소로서 이방인들을 포함시키는 것은 이미 이스라엘 하나님의 언약에 의해서 보증이 되었기 때문에

바울은 이방인들을 구약에 약속된 종말론적인 성전으로 보았다.
이사야서에 따르면, 이방인들은 안식일을 더럽히지 말고 지켜야
했고 자신들을 여호와와 연합하기 위해 언약을 굳게 지켜야 했다
(사 56:6-7). 그러나 이방인들은 정치적인 강요에 의해서 성전에 오는
것이 아니라, 기꺼이 그리고 즐겁게 성전으로 왔으며, 여호와의 율
법이 자신들을 위한 것이라고 여겼다. 바울이 에베소서에서 이방
인 기독교인들에게 "그 때에 너희는 그리스도 밖에 있었고 이스라
엘 나라 밖의 사람이라 약속의 언약들에 대하여는 외인이요 세상
에서 소망이 없고 하나님도 없는 자이더니 이제는 전에 멀리 있던
너희가 그리스도 예수 안에서 그리스도의 피로 가까워졌느니
라"(2:12-13)라고 쓴 것은 이방인들에 대한 구약의 약속을 잘 알고
있었기 때문이다.

바울은 이방인이 성전의 모퉁잇돌인 예수 그리스도를 통해서 하
나님의 성전과 진정한 이스라엘이 되었다고 가르친다(2:19-20). 따라
서 이사야에서 하나님의 백성에 속하기 위해 율법에 묶여야만 했
던 이방인들이 이제는 "율법의 마침이 되시는 그리스도"(롬 10:4)의
십자가를 통해서 새로운 성전의 일부가 된다. 이러한 시각에서 보
면, 에베소서에서 말하는 성전은 구약의 성전을 단순히 재생하는
것이 아니라 그리스도 안에서 완성되는 새로운 성전을 말한다.

지금까지 에베소서의 구약적인 기초에 대해 이야기했다. 바울은
구약을 자유자재로 사용한다. 바울이 구약을 자신의 가르침의 기

초로 사용했다는 것은 사도행전에 나와 있는 아그립바 앞에서의 증언에 의해 확인된다. "하나님의 도우심을 받아 내가 오늘까지 서서 높고 낮은 사람 앞에서 증언하는 것은 선지자들과 모세가 반드시 되리라고 말한 것 밖에 없으니 곧 그리스도가 고난을 받으실 것과 죽은 자 가운데서 먼저 다시 살아나사 이스라엘과 이방인들에게 빛을 전하시리라 함이니이다 하니라"(행 26:22-23).

바울은 삼위일체적 하나님의 선교의 본성을 설명하기 위해 구약의 찬송시에 기초한 찬송시로 에베소서를 시작하고, 하나님의 계획과 약속에 있어서 신실하심을 강조하기 위해서 구약에 기초한 유대인과 이방인의 구별됨과 연속성을 강조한다. 또한 바울은 구약의 성전의 이미지를 사용함으로써 하나님께서 이방인을 자신의 기업으로 삼으시는 것이 구약의 언약의 성취임을 보여주고 있다. 따라서 **이방인의 선교는 우연히 일어난 것이 아니고 이미 구약에서 예언되고 계획된 하나님의 약속의 성취이다.** 에베소 교인은 창세 전에 자신들을 택하신 하나님의 신실하심을 알게 되고, 이제 그 언약 백성으로서 새로운 열매를 맺기 위해 열방으로 보내지고 있다.

3_삼위일체 하나님의, 하나님에 의한,
하나님을 위한 선교

1, 6장

마가복음에 따르면 예수 그리스도의 선교와 자신의 정체성에 대한 이해는 삼위일체적이다(막 1:1-15). 예수님은 하나님의 아들로서 자신의 나라가 아닌 아버지의 나라를 소개하며 자신의 사역을 성령님의 기름부으심을 통해서 시작하신다. 예수님은 아버지에 의해서 온 열방에 하나님 나라를 전파하기 위해 성령의 기름부으심을 받고 보내심을 받은 아들로 자신을 이해하신다. 마찬가지로 **하나님의 아들의 사도인 바울의 선교에 대한 이해도 의심의 여지없이 삼위일체적이다.** 삼위일체의 일하심은 에베소서 전체를 관통하고 있다.

예수 그리스도만을 이방인 신자들의 주님으로 소개하는 것으로 바울은 만족하지 않는다. 바울에게는 시작부터 지금까지 모든 것을 계획하시고 주관하시는 성부 하나님과 예수 그리스도의 승천 후에도 성부와 성자의 사역을 보증하시는 성령님을 소개하는 것이 꼭 필요했다. 바울은 또한 창조를 포함한 구약의 세계관을 이방인 신자들에게 알게 하는 것도 필요했다. 선교의 삼위일체적 본성에 대한 이해는 그리스도 중심의 선교 이해를 보충하는 것이 아니라 바울과 이방인 신자들에게 꼭 필요한 것이다. 이는 그들의 주님인 예수 그리스도가 그들의 오래된 신들을 대체하는 분이 아니고 다른 모든 신들을 초월하시는 유일하신 분이신 여호와 하나님에 의해서 높임을 받으신 분임을 믿게 하기 위해서이다.[12]

바울은 에베소서에서 전형적인 인사로 서신을 시작하고(1:1-2), 이어서 하나님의 선교의 삼위일체적 본성과 범위(1:3-23)를 언급한다. 짧은 문단으로 구성되어 있는 에베소서의 절정(6:10-20)에서, 삼위일체 하나님께서는 그의 백성이 알아서 하나님의 선교에 참여하도록 내버려 두지 않으시고 주신 과업을 성취하도록 친히 준비시키신다고 말하고 있다. 그리고 마지막 인사(6:21-24)로 서신을 마무리한다. **바울은 수미상관 구조를 사용하여 에베소서를 삼위일체적 주제로 시작하고 마무리하며, 하나님의 백성의 선교는 전적으로 삼위 하나님께 달려 있다고 강조한다.**

바울은 삼위일체의 신비를 각 인격이 자신의 백성과 창조물을 위해서 무슨 일을 하셨고 하실 것인지를 통해서 보여준다. 성부 하나님은 하나님의 선교를 주관하시는 분으로, 성자 하나님은 실행하시는 분으로, 그리고 성령 하나님은 지탱하시는 분으로 소개한다.

주관하시는
성부 하나님

하나님의 선교를 주관하시는 분으로서 성부 하나님의 일하심은 믿는 자들과의 관계와 삼위 하나님 안에서의 일하심으로 나누어 생각할 수 있다. **하나님의 선교가 삼위일체적이지만 그중에서도 성부 하나님께서는 삼위 하나님께서 하시는 사역의 주관자이시다.**

짧은 인사 후에 바울은 성부 하나님의 찬양으로 1장의 핵심 부분을 시작하면서 성부 하나님의 창조물을 위한 신적인 사역을 소개한다. 특히, 성부와 성자의 관계 안에서 삼위 하나님의 활동의 두 가지 중요성을 말해주고 있다. "찬송하리로다 하나님 곧 우리 주 예수 그리스도의 아버지께서 그리스도 안에서 하늘에 속한 모든 신령한 복을 우리에게 주시되"(1:3). 먼저 바울은 자신의 찬양의 대상은 주 예수 그리스도의 아버지 되시는 성부이심을 보여주며 성부께서 이어지는 일들의 주체이심을 강조하고 있다. 두 번째 바울은 소유격 "주 예수 그리스도의 아버지"라고 성부와 성자와의 관계를 이야기하여 성자의 성부에 대한 순종을 가리키고 성자가 이루는 모든 것이 아버지께로부터 오는 것임을 보여준다.

3절부터 10절까지 나오는 절들의 주어를 살펴보면 성부께서 모든 일의 주도자이심을 알 수 있다. 하늘에 속한 신령한 복을 주시고(3절), 창세 전에 우리를 택하시고(4절), 우리를 예정하사 자녀되게 하시고(5절), 우리에게 하나님의 은혜를 거저 주시고(6절), 모든 지혜와 총명을 우리에게 넘치도록 주시고(8절), 하나님이 기뻐하시는 뜻을 따라 자신의 신비를 우리에게 알게 하시고(9절), 모든 것을 통일하시는(10절) 분이 바로 성부 하나님이시다.

바울은 또한 믿는 자들과 예수 그리스도의 관계의 중심에 성부가 계심을 보여준다. 하나님께서 믿는 이들을 그리스도와 함께 살리시고(2:4-5), 함께 일으키시고 함께 하늘에 앉히신다(2:6). 성부 하나님께서는 믿는 이들의 구원의 주인이시다. 동시에 믿는 이들로 하여금 선한 일을 하도록 미리 준비시키심을 통해서 하나님의 백성들의 선교의 주인이 되신다.

에베소서의 1-3장을 마무리하는 기도는 신적인 활동의 주인이 누구인지를 더욱 명확히 드러낸다. 바울이 무릎을 꿇고 비는 대상이시고(3:15), 모든 복을 주시는 근원이시고(3:16-19), 영광 받으실 이는 성부 하나님이시다(3:20-21). **바울은 에베소서를 통해서 자신의 백성들을 통한 선교적인 활동의 주인이 성부 하나님이심을 분명히 밝히고 있다.**

또한 성부께서는 믿는 자의 선교에서 뿐 아니라 삼위 하나님 내에서도 선교의 주도권을 가지고 계신다. 에베소서 1장 15-23절에 나타나는 감사 기도에서 알 수 있듯이 "믿는 자들 안에서 일하시는 성부 하나님의 동일한 능력이 그리스도를 죽은 자들 가운데서 다시 살리시고 하늘에서 자기의 오른편에 앉히시고"(20절), "모든 것을 그의 발 아래 복종시키시고 그리스도를 교회의 머리로 삼으셨다"(22절). 하나님의 능력은 그리스도를 죽은 자들 가운데서 살리시고 부활시키신 그리스도의 생명의 근원이다. 성부께서는 자신의 선교를 이루시기 위해 성자를 보내시고 성자께서 교회와 함께 하늘에서 사역을 시작하도록 높이시는 일을 주도하신다.

성령 하나님과의 관계에서 성부께서는 성령 하나님의 사역을 이끌어 행하시는 주관자로 나타나신다. 바울은 이방인 신자들이 믿었을 때 약속의 성령에 의해서 인침을 받았다고 확언한다(1:13). 성령님은 하나님께서 임의로 쓰시는 영이 아니라, 성경에 약속된 영이시다. 갈라디아서에서도 바울은 성령 하나님을 아브라함에게 주어진 약속의 성취로 소개하고 있다(갈 3:14). 만약에 성령님이 우리의 주인이 누구인지를 나타내는 인치심이라면 아버지는 인침을 받은 재산의 주인이시다. 즉 우리의 주인이신 것이다. 성부 하나님께서는 주인으로서 인치심을 실행하신다.

바울은 '성령에 의해서 우리가 인침을 받은 것'이 아닌 '성령으로 인치심을 받았다'라고 씀으로써, 성령 하나님이 성부 하나님께 자신을 내어 주신다는 것을 보여주고 있다. 왜냐하면 인치시는 분이 성령이 아니라 성부 하나님이기 때문이다. 따라서 구원의 약속을 확증하시는 분은 성령 하나님이 아니시고 성부 하나님이 되시는 것이다. **성부 하나님은 믿는 자들과의 관계 안에서 그리고 삼위의 하나님 안에서 하나님의 선교를 주관하시고 이끄는 분이심을 알 수 있다.**

바울은 에베소인들에게 보낸 서신의 마지막에 이르러 "끝으로 너희가 주 안에서와 그 힘의 능력으로 강건하여지고"(6:10) 라며 격려한다. 이 격려는 앞에서 그들에게 가르친 훈계가 성도들의 힘으로는 이룰 수 없고 오직 주님의 강한 힘으로만 이룰 수 있다는 것의 확언이기도 하다. 바울은 믿는 자들이 그리스도이신 "주 안에서" 강해야 한다고 분명히 말한 후, 다음 구절에서 주님의 강력한 힘이 하나님 아버지로부터 온다고 분명히 말한다. 즉 바울은 "주 안에서 강해지는 것"은 하나님께서 성도들에게 전신갑주를 제공하시기 때문에 가능하다고 말하고 있다(6:11, 13). **하나님 아버지께서는 자신의 백성에게 전신갑주를 제공하여 성자 하나님 안에서 강해지게 하신다.** 바울은 하나님께서 전신갑주를 주시는 이유를 성도들로 하여금 "마귀의 간계에 능히 대적하기 위하여"(6:11) 그리고 "악한 날에 너희가 능히 대적하고 모든 일을 행한 후에 서기 위함이라"(6:13)고 말한다. 다른 사람의 것이 아니라, 오직 하나님의 전신갑주가 믿는 사람들에게 악에 맞서 설 수 있는 힘을 준다.

그렇다면 하나님의 전신갑주는 무엇을 의미할까? 전신갑주는 성도들이 새로운 사람을 입는 것(4:24)과 같은 의미라고 해석되기도 한다. 여기서 그리스도인은 전신갑주를 입는 행위의 주체가 된다. 그러나 전신갑주를 입는 행위의 주체가 그리스도인이라고 해서 반드시 그리스도인이 입어야 할 무기가 그들이 새로운 사람이 되는 것을 의미할 필요는 없다. 하나님의 전신갑주를 입는 것을 새로운 사람을 입는 것과 동일시하는 것은 지금까지 읽어 왔던 에베소서의 전체 흐름과 맞지 않는다. 왜냐하면 그것은 믿는 사람들이 악에 맞서 싸우는 데 주도권을 잡는다는 오해를 불러일으키기 때문이다.

그리스도인들이 새로운 사람이 되더라도 하나님의 보호 없이는 스스로를 방어할 수 없다는 것은 분명하다. 더욱이 그리스도인들이 입어야 할 무기, 즉 진리, 의, 평화의 복음, 믿음, 구원, 하나님의 말씀(6:14-17)은 신약성경의 다른 곳에서 그리스도를 나타낸다. **따라서 하나님의 전신갑주는 하나님께서 친히 제공하시고 입혀주시는 그리스도 자신이시다.**

하나님 아버지는 그리스도인들이 악에 맞서 싸울 수 있는 힘의 근원이시다. 그는 믿는 사람들이 마귀의 계략에 맞서 싸울 수 있도록 전신갑주를 제공하신다. 그럼에도 불구하고 하나님은 스스로 전신갑주가 되지는 않으신다. 그는 믿는 자들을 그리스도의 보호에 맡기시는데, 그리스도는 다양한 무기로 표현된다. 그리스도는 아버지께 순종하시며 마귀와의 치명적인 싸움에서 믿는 자들을 보호하기 위해 하나님의 전신갑주로서 믿는 자들과 하나가 된다.

실행하시는
성자 하나님

바울은 그리스도가 성부로부터 독립적으로 이루시는 것은 아무것도 없고, 그가 하시는 모든 것이 아버지께로부터 왔다고 말한다. 예수 그리스도는 주님이심과 동시에 하나님의 아들이시다(엡 1:3). 바울은 하나님의 선교의 주체이신 성부 하나님과 이를 이루시는 성자 하나님의 관계를 "그리스도 안에서", "그의 안에서", "그 안에서", "사랑하시는 자 안에서", "그리스도 예수 안에서" 또는 이와 유사한 표현을 통해 찬송시의 모든 절 그리고 2장과 3장의 다른 절들(2:6; 3:6)에서 보여주고 있다.

바울은 성부께서 성자 안에서 모든 것을 하고 계심을 "그리스도 안에서"라는 표현으로 표명하고 있다. "그리스도 안에서"라는 표현에서 성자께서는 아버지께 하나님의 선교가 이루어지는 도구와 장소로 자신을 내어주심을 알 수 있다. 바울은 예수 그리스도께서 자신을 성부의 사역이 이루어지는 곳으로 그리고 하나님의 선교가 완성되어지는 도구로 주심을 통해서 하나님의 선교의 실행자임을 전달하고자 한다. 성부께서는 성자 안에서 그리고 성자를 통해서 자신의 선교를 이루어 가고 계신 것이다.

예수께서도 성부 하나님과의 이러한 순종의 관계를 요한복음에서 분명히 표현하고 계신다(요 5:19; 6:29, 39, 44; 12:49; 14:10; 17:2, 4, 7, 18). 예수님은 자신의 제자들에게 "그러므로 예수께서 그들에게 이르시되 내가 진실로 진실로 너희에게 이르노니 아들이 아버지께서 하시는 일을 보지 않고는 아무것도 스스로 할 수 없나니 아버지께서 행하시는 그것을 아들도 그와 같이 행하느니라"(요 5:19)고 말씀하신다. 성부의 뜻에 순종하시고 행하시는 성자는 성부의 사도이신 것이다(히 6:1). 예수님은 또한 성부에 대한 순종과 성부 하나님의 주도권을 요한복음 17장의 기도에서 확인하신다. "아버지께서 내게 하라고 주신 일을 내가 이루어 아버지를 이 세상에서 영화롭게 하였사오니"(요 17:4).

그러나 바울은 에베소서에서 예수 그리스도를 하나님의 선교의 단순한 수동적인 참여자로 표현하고 있지는 않다. 십자가에서의 순종을 통해서 성자께서 성부에 의해서 높임 받으심을 선언한 후에(1:20-23), 바울은 그리스도를 모든 만물을 충만하게 하시는 분으로 소개한다(1:23). 에베소서에서 그리스도께서 사역의 주체로 소개된 첫 번째 절이다. 이 후로 그리스도께서는 교회와의 관계에서 특히 화해와 평화의 사역에서 능동적인 역할을 담당하신다(2:14, 15, 16, 17, 20). 능동적인 실행자로서 예수님은 이방인과 유대인을 하나로 만드시고 중간에 막힌 담을 허시고(2:14), 법조문으로 된 계명의 율법을 폐하시고(2:15), 먼 데 있는 이방인들에게 평안의 복음을 전하신다(2:17). 그리스도께서 능동적인 역할을 하거나 예수님과 믿는 자들의 관계를 이야기 할 때 "그리스도 안에서"라는 표현이 적게 쓰이는 것에 주목할 만하다(2:13, 21).

예수 그리스도께서는 하나님의 선교가 이루어지는 장소로 또한 수단으로 하나님의 선교를 수행하신다. 성부께서는 자신의 계획과 사역을 자신의 아들을 통해서 이루신다. 성자께서는 자신이 사역의 지배자와 주관자가 되고자 하는 모든 유혹을 거부하신다. 성부께서는 하나님의 선교를 주관하시고 성자께서는 아버지에게 순종하는 아들로 하나님의 선교를 수행하신다.

에베소서의 마지막 부분에서 하나님께서 그의 백성에게 마귀와의 싸움을 위해 제공하신 여섯 가지 무기는 "진리, 의, 평화의 복음, 믿음, 구원, 그리고 하나님의 말씀"이다(6:14-17). 성부 하나님께서는 전신갑주이신 예수 그리스도를 자신의 백성들에게 입혀주신다. 하나님의 전신갑주가 되시는 성자 하나님께서는 하나님의 백성과 하나가 되어 사악한 세력의 맹렬한 공격으로부터 보호하시고, 그들이 맞서 싸울 수 있게 하신다. 이제 그리스도께서 어떻게 그리스도인이 입는 전신갑주의 각 구성 요소가 되시는지를 살펴볼 것이다.

진리의 허리 띠

바울이 믿는 사람들에게 입으라고 권고한 전신갑주의 첫 번째 무기는 "진리의 허리띠"(6:14)이다. 사도 요한이 기록한 예수 그리스도의 말씀에서 사용된 진리는 이 단어의 의미에 대한 통찰력을 제공한다. 요한복음에 따르면, 예수께서는 유대인들에게 "너희가 내 말에 거하면 참으로 내 제자가 되고 진리를 알지니 진리가 너희를 자유롭게 하리라"(요 8:31-32)고 말씀하셨다. 진리는 하나님의 계시이신 예수님 자신을 뜻하고 예수 자신의 말씀은 이를 확증한다. 예수께서는 제자들과 대화하실 때 "내가 곧 길이요 진리요 생명이니 나로 말미암지 않고는 아버지께로 올 자가 없느니라"(요 14:6)고 말씀하신다. 진리는 요한에게 예수 그분 자신이시다.

하나님의 선교의 주체가 하나님이시라면 악한 권세에 대항하는 전신갑주는 성도로부터가 아니라 하나님으로부터 나오는 것이 더 자연스럽다. 왜냐하면 성도들은 악마로부터 스스로를 방어할 수 없기 때문이다. 진리이신 예수 그리스도를 허리에 띠고 그분으로부터 힘을 얻어 성도들은 악한 세력이 신자들을 믿음에서 멀어지게 하기 위해서 사용하는 이단, 거짓 철학, 이교 등의 모든 공격으로부터 자신들을 방어해 낼 수 있다.

'의'의 호심경

바울이 성도들에게 입으라고 권고한 전신갑주의 두 번째 무기는 "'의'의 호심경"(6:14)이다. '의'의 호심경을 입는 것은 바울이 에베소서의 앞부분(4:24; 5:9)에서 말한 것 같이 새 사람을 입는 것이나 의로운 삶을 살기 위한 결단과 관련이 있다. 따라서 의는 성도들의 윤리적 삶과 밀접하게 얽혀 있다. 하나님의 '의'는 필연적으로 성도들을 구별된 삶으로 인도하게 되어 있다. 왜냐하면 성도들은 하나님의 '의'인 그리스도로 말미암아 새로운 사람을 입었고 이 새로운 정체성에 합당한 삶을 살아야 하기 때문이다.

그러나 이 '의'는 성도들의 윤리적인 행동으로부터 나오는 '의'가 아니다. 이 '의'는 믿음으로만 의롭게 되는 성도들에게 선물로 주어진 그리스도의 신적인 '의'이다(사 11:5; 53:11). 성도들의 '의'(4:24, 5:9)는 오로지 그들에게 값없이 주어진 그리스도 자신의 '의'에서 비롯된다. 따라서 이 '의'의 호심경은 하나님 앞에서 신자들의 의로움에 의문을 제기하는 악마의 거짓 비난에 대항하는 것으로 신자들에게 주어진 그리스도의 '의' 즉 그리스도 자신이시다.

평안의 복음이 준비한 신

신자들이 갖춰야 할 전신갑주의 세 번째 무기는 "평안의 복음"(6:15), 즉 평화의 복음이다.13 바울은 에베소서에서 현재 구절 외에 평화/화평이라는 단어를 일곱 번(1:2; 2:14, 15, 17[x2]; 4:3; 6:23) 사용한다. 이 단어가 의미하는 바가 무엇인지는 바울이 이미 "그는 우리의 화평이시라"(2:14)라고 분명히 말하였기 때문에 전신갑주의 다른 요소들보다 더 확실하다. 그리스도께서는 자신의 피로 유대인과 이방인 사이에 화평을 이루셨고(2:14), 인간과 하나님 사이에 화평을 이루셨다(2:16). 그리스도께서는 이방인과 유대인에게 "평화의 복음"을 선포하셨고(2:17) 그들로 하여금 아버지께 나아감을 얻게 하였다(2:18). 그러므로 하나님의 전신갑주의 세 번째 무기인 평화의 복음은 그리스도 안에서 구현되었다.

하나님의 전신갑주로서의 평화의 복음은 에베소서 6장 12절의 의미를 더 명확하게 해 준다. 바울은 믿는 자들이 씨름하는 상대가 혈과 육 즉 사람들이 아니라 "통치자들과 권세들과 이 어둠의 세상 주관자들과 하늘에 있는 악의 영들"(6:12)이라고 말한다. 우리를 적대하는 이웃은 믿는 사람들의 원수가 아니라 악한 세력의 희생자들이다. 그들은 그리스도께서 가져오신 평화의 복음을 통해 사랑과 화해를 이루어야 할 대상들이다. 악한 영들과의 전쟁은 적대시하는 사람들과의 실질적이고 물리적인 전쟁과 아무런 관련이 없다. 이 영적 전쟁은 폭력, 공격, 갈등, 증오, 괴로움, 피와 살이 난무하는 전쟁을 뒷받침하고 부추기는 영적인 세력에 맞서는 것이다. 그리스도께서는 하나님께서 믿는 자들에게 주신 평화이며, 하나님의 방어무기이다. 그리스도 안에 구현된 평화의 복음만이 믿는 자들로 하여금 세상에 갈등과 폭력을 끊임없이 가져오려는 마귀와의 싸움에서 굳건히 서도록 준비시킨다.

믿음의 방패

하나님의 전신갑주의 네 번째 무기는 "믿음의 방패"(6:16)이다. 믿음은 다른 갑옷과 달리 성도들의 속성으로 이해되어 영적 전투에서 성도들이 지녀야 하는 하나님에 대한 확신과 신뢰로 해석되어 왔다. 믿음이 성도들의 하나님에 대한 신뢰로 이해되는 것이 정당하다고 하더라도, 이 믿음은 결코 성도들로부터 나온 것이 아니며 하나님의 보호 없이는 지속될 수 없다. 박해, 거짓 가르침, 죄책감, 유혹, 질병과 같은 적의 불화살은 계속해서 성도들을 맹렬히 공격한다.

공격은 일시적인 것이 아니라 끝이 없이 지속된다. 성도들은 자신의 힘으로 잠시 공격에 저항할 수 있지만, 공격이 밤낮으로 계속되면서 성도들의 믿음은 지쳐서 로마군이 가진 기죽으로 덮인 방패가 결국 타서 쓸모가 없어지는 것처럼 더 이상 공격에 저항하지 못하게 될 것이다. 따라서 궁극적으로 성도들을 "악한 자의 모든 불화살"(6:16)로부터 보호하는 것은 하나님에 대한 성도들의 주관적인 확신과 신뢰가 아니라 그들의 믿음의 근원인 예수 그리스도 시다.

구원의 투구

바울은 독자들에게 "구원의 투구"(6:17)를 전투에서 입는 전신갑 주의 마지막 방어 무기로 삼으라고 촉구한다. 투구는 전투 중에 군인의 머리를 보호한다. 마찬가지로 그리스도를 하나님의 구원의 투구로 받은 그리스도인들은 '마귀의 공격 중에 안전하다는 확신' 을 갖는다. 바울은 에베소서의 앞부분(2:5-8)에서 구원을 설명하며 하나님께서 그의 백성을 구원하시는 행위가 이미 그리스도 안에서 성취되었다고 요약한다. 구원은 그리스도를 믿는 믿음을 통해 하 나님의 선물로 우리에게 주어졌다. 따라서 믿는 사람들이 자신들 의 구원에 기여할 여지는 전혀 없다. 구원은 하나님께 속한 것으로 결코 신자의 소유가 될 수 없으며 신자로부터 시작될 수 없다.

하나님으로부터 온 이 구원은 또한 선교적이다. 왜냐하면 모든 신들 가운데 성부 하나님만이 구원의 유일한 근원이시기 때문에 하나님은 그리스도인들뿐만 아니라 모든 민족의 구세주이시다. 그 리스도 안에서 성취되고 보장되는 구원에 관한 하나님의 주권은 이미 구원받은 사람들에게 확신을 줄 뿐만 아니라 구원이 절실히 필요한 이웃들을 위한 그들의 사명을 상기시켜 준다.

하나님의 말씀

마지막으로 바울은 독자들에게 "성령의 검 곧 하나님의 말씀"(6:17)을 가지라고 촉구한다. 성도들은 성령께서 주시는 검 즉 하나님의 말씀을 가지고 악한 세력과 싸울 힘을 얻는다. 바울은 여기서 사용한 '말씀'(레마)이라는 단어를 그의 서신에서 거의 사용하지 않는데, 서신서 전체를 통해서 여덟 번만 사용한다(롬 10:8, 17, 18; 고후 12:4; 13:1; 엡 5:25; 6:17). 반면 요한복음 1장 1절에서 사용된 '말씀'(로고스)이라는 단어를 83번 사용한다. 중요한 문제는 하나님 말씀의 내용인데, '레마'가 '로고스'와 구별되는 단어로서 드러내어 표현된 말씀을 강조하는지, 아니면 두 명사가 상호 교환 가능하고 신약에서 동의어로 사용되는지 다양한 견해가 존재한다. 그러나 중요한 것은 하나님의 말씀의 중심 주제가 그리스도 자신이라는 사실이다. 예수께서 엠마오로 가는 길에 제자들에게 "모세와 모든 선지자의 글로 시작하여 모든 성경에 쓴 바 자기에 관한 것을 자세히 설명"(눅 24:27)하신 것처럼 말씀은 그리스도에 관한 것이다. 성경 본문을 암송하거나 읽는 것만으로는 하나님의 말씀을 안다고 말할 수 없다. 성도들은 그리스도를 가리키는 성경에 대한 적절한 지식과 이해로 무장해야 한다. 바울은 성도들에게 하나님의 전신갑주를 입으라고 촉구한 후, 성도들이 악한 세력에 대항하게 하는 것은 말씀이신 예수 그리스도라고 확언한다.

성자 하나님께서 바로 하나님의 전신갑주이시다. 성자 하나님께서는 아버지께서 그에게 맡기신 자신의 백성을 악한 세력으로부터 '진리, 의, 평화, 믿음, 구원, 그리고 하나님의 말씀'이 되심으로 보호하신다. 그리스도인들이 일상의 투쟁에서 악한 세력의 맹렬한 공격으로부터 스스로를 보호할 수 없는 것은 자명하다. 성도들은 하나님의 전신갑주이신 예수님을 입고 전적으로 전신갑주를 주시는 분이신 성부 하나님을 믿고 의지해야 한다. 그리스도인들은 자신들의 힘이 아닌 전신갑주이신 성자 그리스도를 입어야만 세상을 위한 선교에 성공적으로 참여할 수 있다.

지탱하시는
성령 하나님

바울은 성부 하나님을 하나님의 선교의 주관자로, 성자 하나님을 실행자로 소개하면서 성령 하나님은 하나님의 선교의 지탱자로 소개한다. 하나님의 선교의 지탱자로서의 성령의 개념은 구약에서도 찾을 수 있다. 구약의 여러 구절에서 하나님의 영의 활동은 창조물이 그 삶을 지속할 수 있도록 그리고 사람들로 하여금 자신들의 책임을 다할 수 있도록 힘을 주는 다양한 은사와 삶의 근원으로 소개되고 있다(창 1:2; 욥 27:3; 32:8; 33:6; 시 104:27-30). 마찬가지로 바울은 에베소서에서 성령 하나님을 성부 하나님의 인치심으로 믿는 자들의 구원을 보증하시는 분으로 소개한다(1:13; 4:30). 하나님의 인치심으로 성령께서는 믿는 자들을 하나님의 소유가 되도록 하시고 그들의 자리를 보증하신다.

에베소서에서 성령 하나님은 믿는 자들의 보증으로서 단순히 믿는 자들을 마지막 때까지 아무런 목적없이 그저 생명을 보전하는 것이 아니라 **하나님께서 주신 자신들의 의무를 다하도록 돕는 분이시다.** 믿는 자들을 위한 기도에서 바울은 "우리 주 예수 그리스도의 하나님, 영광의 아버지께서 지혜와 계시의 영을 너희에게 주사 하나님을 알게 하시고"(1:17)라고 기도한다. 믿는 자들이 섬기는 살아계신 진리의 하나님과의 관계와 이해가 깊어지고 또한 그들의 삶에서 하나님의 영이 더욱 깊이 일하시도록 간구하고 있는 것이다. 예수님도 이 성령이 "모든 것을 가르치시고"(요 14:26), "모든 진리로 인도하실 것"(요 16:13)이라고 말씀하셨다. 따라서 바울이 1장 17절에서 말하는 성령 하나님의 사역은 믿는 자들이 신적 부르심에 맞게 어떻게 살아가야 하는지 그리고 이미 소유한 하나님에 대한 지식을 다른 이들에게 어떻게 전할지 인도하시는 역할이라는 것이 분명하고, 이것은 완전히 선교적이다.

이렇게 바울은 에베소서에서 하나님의 선교의 지탱자로서 성령 하나님에 대해 두 가지 의미에서 설명하고 있다. 먼저 그는 성부 하나님의 영광을 찬양하기 위해 마지막 구원의 때까지 성부 하나님의 인치심으로써 믿는 자들을 지탱해 주는 영이시다(1:13-15). 또한 사람들이 하나님을 알게 하고 믿는 자들이 하나님의 지식에 합당한 삶을 살도록 지탱해 주는 영이시다(1:17). 에베소서 1장 17절은 분명히 삼위일체적이고 삼위 하나님의 사역을 정리해 줌과 동시에 세 위격의 관계를 보여준다.

　　**에베소서의 끝에 이르러 바울은 독자들에게 항상 "성령 안에서"
기도하라고 권고한다(6:18).** 여기서 바울은 비슷한 용어의 반복을
통해 기도와 간구의 중요성을 강조하는데, 그 가운데 "모든/항상"
을 네 번 사용함으로써 지속적인 기도의 중요성을 강조한다. 성도
들은 '항상', '모든' 기도와 간구를 '모든' 성도를 위해 '모든' 인내와
간구로 해야 한다. 바울은 또한 기도의 중요성을 강조하기 위해
유의어인 "기도", "간구", "기도하다"를 반복해서 사용한다. 악한
세력과의 싸움이 끝이 없기 때문에 기도는 교회의 지속적인 활동
이다. 성도들의 지속적인 기도는 바울이 "기도에 항상 힘쓰며"(롬
12:12)와 "모든 일에 기도와 간구로 너희 구할 것을 감사함으로 하
나님께 아뢰라"(빌 4:6)라고 쓴 것처럼 바울의 주된 관심사 중의 하
나이다.

　　바울은 에베소서 이외의 다른 곳에서 강조한 것처럼 성도들에게
기도하는 것도 하나님께 달려 있음을 상기시키며, 그들이 "성령
안에서" 기도해야 한다고 언급한다. **성령 안에서 기도하는 것은
성령님의 인도, 지시, 도움을 끊임없이 구하는 것을 의미한다.** 왜
냐하면 성령 하나님은 항상 성도들을 기도의 모든 행위로 인도하
시며 힘을 북돋아 주시기 때문이다. 따라서 성령의 능력이 없다면
성도들은 기도 생활에서 길을 잃게 된다. 이와 같이 바울은 기도를
무기 중 하나가 아니라 그 기초로 제시한다. 영적전쟁의 기초이고
핵심이다. 바울이 기도를 마지막에 쓴 것은 기도가 가장 중요하지

않아서 그런 것이 아니라 모든 것을 지속 가능하게 하고 모든 것을 보증하는 요소이기 때문이다. 마치 하나님의 선교에서 성령 하나님의 역할이 그러하듯이 말이다. 성령은 성도들이 인내와 간구로 기도하도록 인도하심으로써 믿는 이들이 끝까지 하나님의 선교에 참여하도록 준비시켜 주시고 지지해 주시는 하나님이시다.

상호 겸손의
선교

바울은 하나님의 선교의 주관자로 성부 하나님을, 실행자로 성자 하나님을, 지탱자로 성령 하나님을 소개한다. 이러한 삼위일체적 선교의 본성은 오직 성부 하나님만이 선교의 실행자이시고 성자와 성령 하나님께서는 단지 선교를 이루기 위한 도구라는 생각을 지지하지 않는다. 오히려 바울의 의도는 정반대이다. 삼위 하나님은 서로를 높이는 겸손한 하나님이시다. 성부께서 주관을 하시지만 성자 하나님을 통해서 일하신다. 순종하는 아들인 성자께서는 아버지로부터 온 것이 아니면 이루시지 않는다. 성령께서는 하나님의 선교를 지탱하시지만 가끔은 낮은 하나님으로 오해를 받으시면서까지 대부분의 경우 무대 뒤편에서 그 일을 하신다. 이것이 삼위일체 하나님의 선교의 핵심이다. **삼위 하나님께서는 각각의 위격이 서로 안에서 그리고 서로를 통해서 신비롭게 일하심으로 자신의 선교를 겸손함으로 하시고, 자신의 백성들**

에게도 그렇게 하라고 말씀하신다.

하나님의
영광을 위해

바울은 하나님의 선교의 범위가 개개인 신자의 영혼구원보다 더 깊고 넓은 의미를 가지고 있음을 가르치고 있다. 에베소서의 근간이 되는 찬송시는 선교의 범위에 대한 단서를 제공한다. 바울은 찬송시에서 하나님의 선교의 목적을 반복적으로 이야기하고 있다(1:4, 6, 10, 12, 14). "그 앞에 거룩하고 흠이 없게 하시려고"(4절), "그의 은혜의 영광을 찬송하게 하려는 것"(6절), "하늘에 있는 것이나 땅에 있는 것이 다 그리스도 안에서 통일되게 하려 하심"(10절), "그의 영광의 찬송이 되게 하려 하심이라"(12절), "그의 영광을 찬송하게 하려 하심이라"(14절).

이렇듯 하나님의 선교의 목적은 우리를 거룩하고 흠이 없게 하시고 만물을 그리스도 안에서 통일되게 하셔서 하나님의 영광을 찬송하게 하려는 것이다. 이 구절은 인간의 구원과 하나님의 선교의 목적을 분명히 말하고 있고, 이와 유사한 구절은 바울의 다른 서신서에서는 발견되지 않는다. 따라서 이 구절은 하나님의 선교의 최종적인 목적에 관해 에베소서를 특별하게 만든다. **바울은 찬송시의 반복적인 강조를 통해 하나님의 선교의 궁극적인 목적이 인간의 구원을 넘어서 하나님 자신의 영광임을 드러내고 있다.**

이웃을 그리고
창조 세계를 위해

하나님의 선교의 궁극적인 목적이 하나님의 영광이라면 이는 구원받은 인간에게 주어진 윤리적이고 창조적인 책임을 통해서 이루어진다. 바울은 창세 전에 믿는 자들을 택하신 목적이 우리로 하여금 하나님 앞에서 거룩하고 흠이 없게 하시기 위해서라고 말한다(1:4). 믿는 자들은 하나님 앞에서 주변의 문화와 종교들로부터 구별되는 삶을 살도록 요구받는다. 그리스도인들은 이방인들로 하여금 자신들과 다른 삶을 사는 이유에 대한 관심을 불러일으킬 것이고, 이 관심은 구별된 삶의 궁극적인 이유인 하나님을 전하도록 이끈다. 이러한 믿는 자들의 삶은 단순히 주변으로부터 구별된 삶을 사는 것을 넘어서 믿지 않는 자들을 하나님께 초청하는 선교적인 역할을 감당하게 되는 것이다.

구약에서도 이스라엘은 모든 민족들 가운데서 제사장 나라와 거룩한 백성이 되도록 부름을 받았다(출 19:5-6). 거룩한 제사장 나라로서 이스라엘은 하나님과의 관계(구심력)와 이방 나라와의 관계(원심력)의 이중적인 역할을 감당한다.[14] 이방을 하나님께로 불러 모으기 위해, 이스라엘은 윤리적으로 구별되어야 했고 하나님의 임재를 다른 민족들이 볼 수 있도록 살아야 했다. 이방으로부터 구분된 이스라엘의 삶은 세상에서 그들이 참여하는 하나님의 선교의 필수 불가결한 요소가 된다.

베드로도 믿는 자들의 거룩함의 선교적 차원을 이야기한다. 베드로는 '하나님이 택하신 족속이요, 왕 같은 제사장이요, 거룩한 나라로 삼으신 것은 하나님의 아름다운 덕을 선포하여 이방인들도 와서 하나님께 영광을 돌리도록 하기 위한 것'이라고 말한다(벧전 2:9). 따라서 에베소서의 '믿는 자들이 거룩하고 흠이 없게 되는 것'(1:4)은 하나님의 백성의 선교적 책무로 이해되어야 하며, 이 책무는 "너희가 부르심을 받은 일에 합당하게 행하라"(4:1)고 시작하는 에베소서의 두 번째 부분(4-6장)의 기초를 놓는다.

이러한 선교적인 책무는 하나님의 선교의 궁극적인 목적과 일맥상통한다. 하나님의 궁극적인 목표는 유대인이나 초기 그리스도인들로부터만 경배를 받는 것이 아니다. 바울은 하나님께서 자신의 은혜로 우리를 구원하신 것은(1:7) 자신의 비밀을 우리에게 알게 하시고(1:9) 모든 것을 그리스도 안에서 통일되게 하시기 위해서라고 선언한다(1:10). 이 하나되고 거룩한 공동체는 세상이 하나님을 알게 하고, 궁극적으로 예수 그리스도 안에서 통일되게 하기 위한 공동체이다.

바울은 하나님의 선교와 하나님의 백성의 선교의 장을 인간의 구원에서 모든 창조물로 확장시킨다(1:10). 하나님께서 그리스도를 통해서 믿는 자들을 구원하시고 자신의 뜻의 비밀을 우리에게 알게 하신 것은 궁극적으로 모든 것을 다 "그리스도 안에서 통일되게 하려 하심"이다. 바울은 하나님의 구원의 목적이 인간의 구원에 한정되지 않고 하늘에 있는 것이나 땅에 있는 모든 것으로 확장되고, 이는 그리스도 안에 있는 새로운 피조 세계임을 확신한다. 이러한 하나님의 백성의 선교의 윤리적 그리고 창조적 측면은 "선한 일"(2:10)을 이해하는 기초를 제공한다.

찬송시에 있는 하나님의 선교가 윤리적/창조적 차원으로 이해될 때, '선한 일'도 이 맥락 안에서 이해되어야 한다. '선한 일'은 일반적으로 착한 일 혹은 윤리적인 삶을 의미하거나 좀 더 확장되어 갈라디아서 5장에 있는 "성령의 열매"의 선상에서 사랑, 인내, 친절함, 착함, 절제와 같은 덕목으로 이해된다. **그러나 '선한 일'은 윤리적인 삶이나 성령의 열매보다 더 광범위한 의미를 지닌다. 그것은 창조의 원래 질서를 회복하는 하나님의 선교에 참여하는 일이다.** 에베소서 2장 10절은 믿는 자들의 정체성과 선교의 본질을 정의한다. 믿는 자들은 바로 선한 일을 하기 위해 창조된 하나님의 창조물인 것이다.

선교의 창조적인 측면은 현재의 전 세계적인 환경 위기에 대한 단순한 반응이 아니고 하나님과 그의 백성의 선교의 고유한 특성이다. 하나님이 인간에게 정체성과 책임을 주신 창세기 1장은 에베소서 2장 10절을 이해하는 배경을 제공한다. 창세기는 하나님께서 자신의 형상을 따라 인간을 창조하신 이유를 "하나님이 이르시되 우리의 형상을 따라 우리의 모양대로 우리가 사람을 만들고 그들로 바다의 물고기와 하늘의 새와 가축과 온 땅과 땅에 기는 모든 것을 다스리게 하자 하시고"(창 1:26)라고 적고 있다. 하나님은 사람을 창조하시고 자연을 다스리도록 임무를 주셨다. 하나님의 형상으로서 인간이 자연의 왕이 되는 것은 창조 세계에 대한 착취와 복종을 요구하는 것이 아니고 하나님 자신이 다스리시는 방식을 따라 모든 창조물을 사랑, 정의, 자비, 진리로 다스리는 것을 의미한다.

그리스도 안에서, 그리스도인들은 하나님께서 창조 때에 인간에게 맡기신 임무를 다하도록 창조되었다. 새로운 창조물로서 하나님의 백성들의 선한 일은 윤리적인 차원에서만 이해된다면 완전한 이해가 되지 못한다. **따라서 2장 10절의 선한 일은 인간 사회 내에서의 도덕적인 행동을 넘어선 인간을 최초로 만드신 하나님의 원래의 의도를 따르는 임무와 책임이어야 한다.** 이 창조적인 차원의 선한 일은 그리스도의 구속의 사역에만 지나치게 기초한 교회의 선교에 대한 이해를 극복하도록 도와줄 뿐 아니라 온전한 삼위일체적인 관점으로 확장하도록 한다.15

바울은 이방인 그리스도인들에게 삼위일체 선교의 범위가 개인 영혼구원의 차원을 넘어 모든 피조물의 차원까지 확장됨을 알려주고 있다. 믿는 자들로 하여금 선한 일을 하도록 격려함으로, 바울은 우주 안에 있는 모든 것을 포함한 새 창조의 도래를 선언하고 있다. 바울은 이방인 그리스도인들이 선한 일을 통해서 하나님의 창조 질서를 회복하는 데 참여함과 동시에 그리스도 안에서 종교적 윤리적으로 구별되는 거룩한 공동체를 이룸으로 선교적 공동체가 되도록 지음 받았음을 가르치고 있다.

4_부르심, 공동체적 기념, 보내심이 있는 공동체

1-3장

예수께서 12제자에게 주신 동일한 사도의 자격(롬 1:5)과, 구약과 바리새파 유대교의 전통을 배경(빌 1:5)으로 가진 바울은 특별히 선택되고, 부름 받고, 권위를 가지고 가르치도록 보내진 사람이다(고전 1:1). **바울의 자기 정체성에 대한 이해는 포로 생활로부터 부름을 받고, 하나님이 자신들을 위해 하신 일을 공동체적으로 기념하고, 열방에게로 보냄을 받은 구약 이스라엘의 정체성에 기초하고 있다.** 이스라엘을 위한 하나님의 구속 사역은 특정한 공동체만을 위해 단번에 끝난 사건이 아니라, 하나님께서 나머지 인류를 위해서 하실 일에 대한 예표이며 성경 전체에 대한 모형적인 사건이다.[16] 출애굽을 열방의 구속과 선교의 차원에서 이해하는 것처럼, 출애굽을 통한 하나님의 일하심과 이스라엘의 반응은 에베소 교인들의 정체성에 대한 이해에 빛을 제공한다. 에베소서는 이방인과 유대인 기독교인들에게 자신들의 원래 부르심과 목적, 그리고 자신들의 타락, 하나님의 전적인 은혜에 의한 구원, 그리고 하나님의 선교의 참여자로서 보내심을 다시 한번 되새기도록 한다.

선교사로 훈련을 받을 때 인상 깊게 읽은 책이 있다. 그 책은 찰스 크랩(Charles Crabb)이 쓰고 김동화 선교사가 번역한 『복음과 커뮤니케이션』이라는 책이다. 그 책의 핵심 내용 중의 하나는 메시지와 그 메시지를 전달하는 메신저가 분리될 수 없다는 것이다. 예수님의 메시지가 예수님의 사역과 인격에서 분리될 수 없듯이 우리도 입으로만 아니라 우리의 인격과 삶으로 우리가 전하는 메시지를 전달해야 한다는 것이다. 그 책에 이러한 내용이 있었는지 가물가물하지만 "아직 예수를 모르는 사람들에게는 예수의 메시지를 전하는 우리가 바로 예수다"라는 글이 마음에 많이 와닿았다.

한동안 선교에 있어서 '행함'으로 대변되는 사회복음과 '선포'로 대변되는 복음주의의 긴장은 이제 그리스도의 가르침을 삶으로 실천하며 증거하는, 세상으로 보내심을 받은 선교 공동체라는 그리스도인에 대한 정체성의 이해 안에서 서로 화해하는 것으로 보인다. 이는 찰스 크랩이 말하는 메시지와 메신저의 분리 불가능성에 대한 예증이기도 하다. 세상의 빛과 소금으로 부름을 받은 그리스도인들은 삶으로 그리스도를 증거해야 하며 동시에 복음을 선포함으로 이방에 그리스도의 주 되심을 전해야 한다. 이는 사도 바울이 에베소 교인들에게 "너희가 전에는 어둠이더니 이제는 주 안에서 빛이라 빛의 자녀들처럼 행하라"(5:8)고 가르친 것과 베드로가 "이는 너희를 어두운 데서 불러 내어 그의 기이한 빛에 들어가게 하신 이의 아름다운 덕을 선포하게 하려 하심이라"(벧전 2:9)고 그리스도인의 정체성과 사명을 이야기한 것과 일맥상통한다. 이 말씀대로 초대 그리스도인들은 그들의 삶을 통해서 예수 그리스도를 증거했으며 그들의 소망의 이유에 대해서도 담대히 전했다.

그러나 바울은 에베소 교인들에게 '그리스도인으로 행함'과 '그리스도를 선포함' 이전에 먼저 하나님의 선교 이야기와 하나님과의 관계 안에서 '그리스도인의 정체성'이 무엇인지 발견하는 것이 우선이라고 가르치고 있다. 그리스도의 인격과 사역이 세상에 보내심을 받은 하나님의 아들이라는 정체성에 그 근간이 있듯이 그리스도인들의 삶과 사역도 자신들의 정체성에 대한 올바른 인식에서 출발해야 한다는 것이다. 사도 바울은 에베소서를 통해서 그리스도인의 정체성은 '부르심-보내심' 그리고 '공동체적인 기념'을 통해서 정의된다고 가르치며 이 정체성을 깨닫는 것이 '행함'과 '선포' 이전에 선행되어야 하는 선교의 출발점임을 일깨워 준다.

하나님의
부르심과 보내심을
받은 공동체

하나님께서는 자신의 선교를 위해서 자신의 백성을 지속적으로 부르시고 보내신다. 하나님께서는 포로된 처지와 어두움에서 구하시고 또한 자신과의 관계를 회복시키기 위해 부르신다. 성경은 하나님께서 자신의 백성을 특별한 사명을 위해서 부르신다고 여러 곳에서 증거하고 있다. 이러한 목적이 가장 잘 드러나는 사건이 우리가 잘 아는 출애굽의 사건이다. 하나님께서는 애굽에서 종노릇하던 히브리 백성을 압제 가운데서 해방시키시고 열방 가운데 하나님의 거룩한 백성으로 살라고 부르신다(출 19:4-6). 하나님의 부르심과 보내심은 이후에도 지속적으로 구약 전체에 걸쳐 반복되고 심지어 이방인까지도 자신의 일을 이루시기 위해서 부르시고 보내신다.

이러한 하나님의 부르심과 보내심은 에베소 교인들에게도 그대로 적용된다. 경건한 유대인인 바울은 이 부르심과 보내심의 주제에 분명히 익숙했을 것이다. 따라서 바울이 새로운 하나님의 공동체인 에베소 교인들의 정체성을 가르칠 때 사용하는 것은 자연스러운 일이다. 부르심과 보내심이 이스라엘의 삶에 근간을 이루는 것처럼, 바울은 에베소서를 이 틀에 맞추어 써나가고 있다. **에베소서의 첫 번째 부분인 1-3장은 하나님의 백성의 선교적 정체성을 나타내는 부르심, 그리고 두 번째 부분인 4-6장은 하나님의 백성을 선교를 위해서 보내심과 깊은 관련이 있다.**

하나님의 선교를 위해 하나님께서 백성을 부르심은 에베소서의 첫 번째 부분의 핵심적 주제이다. 바울이 에베소서에서 특별히 부르심의 주제를 위한 공간을 따로 떼어 놓지는 않았지만 바울은 "택하사"(1:4)와 "기업이 되다"(1:11, 원어의 뜻은 '선택이 되다'이다)라는 단어를 써서 그리스도인들이 특별한 임무를 위해 부르심을 받았음을 보여주고 있다. 하나님께서는 이방인 그리스도인들을 거룩하고 흠이 없게 하시려고(1:4), 하나님의 기쁘신 뜻대로(1:5), 자신의 영광을 찬송하기 위해(1:6) 택하셨다.

예수님이 제자들을 부르실 때 사용된 "택하사"는 에베소서(1:4-6)에서 쓰여진 것과 거의 동일한 뉘앙스로 사용되었다. 예수님은 자신이 원하시는 사람들을 자신의 선교를 위해서 부르셨다(요 15:16). 이러한 예수님의 택하심은 제자들이 자신의 스승을 선택하는 랍비의 전통이나 헬라 철학자들의 관행과는 대조되는 행동이다.

부르심이 에베소서의 중심 주제라는 것은 4장 첫 구절에 분명히 드러난다. "그러므로 주 안에서 갇힌 내가 너희를 권하노니 너희가 부르심을 받은 일에 합당하게 행하여"(4:1). 바울은 이제 그가 하려는 설교가 1-3장 전체를 아우르는 부르심에 근거한 것이라고 확증하고 있다. 4장 1절에서는 믿는 자들이 부르심을 받은 일을 구체적으로 설명하지 않고 있는데, 이는 1-3장 전체가 부르심의 내용이기 때문이다. 믿는 자들은 자신들의 임무를 위해 부르심을 받았다. 이는 죽음에서 생명으로, 분열된 사회에서 하나된 사회로, 그리스도의 깨어진 몸에서 하나된 몸으로의 부르심이다. 이제 이방인 그리스도인들은 외인도 아니고 나그네도 아니고, 성도들과 동일한 시민이고 하나님의 권속이 되었다(2:19). 그들은 이제 아브라함과 그의 자손들의 정체성과 책임을 공유하게 되었다. 하나님의 부르심은 하나님의 백성의 정체성을 세우는 하나님의 방법이다. 바울은 하나님의 백성의 선교가 1-3장에 있는 사신들의 새로운 성체성에 기반한다고 가르치고 있다.

에베소서 전반부 세 개의 장에서 에베소 교인들에게 그리스도 안에서 부르심을 받은 자들이라는 새로운 정체성을 가르친 후 이

제 바울은 **4장 이후에 이 새로운 정체성을 반영하는 삶을 살도록 그들을 보내고 있다.** 바울은 이 부르심에 합당한 삶을 살라고 강조하는 것이다. 이제 바울이 가르치려고 하는 삶의 양식들은 하나님께서 그들을 위해서 하신 일에 대한 올바른 반응이고 하나님을 찬양하는 일에 적절하게 수반되는 행동들이다. 따라서 부르심과 이에 대한 반응은 존재론적이면서도 윤리적이다.

이방인 그리스도인들은 하나님의 영광스러운 은혜의 찬양이 되는 존재론적 정체성(1:6)에서도, 믿지 않는 자들 앞에서 구별된 공동체로서 행해야 하는 윤리적 행동(1:4)에서도 모두 선교적이다. 이방인 그리스도인들을 보내심은 출애굽기의 다양한 규율(출 21:1-23:9)과 함께 열방으로 이스라엘을 보내시는 하나님의 행동과 연관이 있다. 하나님께서는 자신과 백성 간의 관계와 관련된 십계명과 예배에 관한 규율을 설명하신 후에 사람들 간의 규율에 관해서 말씀하신다. 이는 바울이 에베소서 1-3장에서 하나님과 백성 간의 관계에 관해서 이야기 한 후 4-6장에서 사람들 간의 규율에 대해서 이야기하는 것과 매우 유사하다.

4장의 초반은 1-3장의 부르심에 근거하여 다양한 봉사와 사역을 가지고(4:11-13) 그리스도의 몸으로(4:16) 믿는 자들을 세상으로 보내는 바울의 파송 설교로 시작한다. 하나님의 백성은 하나님을 영화롭게 하는 목적을 가지고 택하심을 받았고 보내심을 받았다. 그들은 또한 하나님의 백성의 정체성에 합당한 삶을 살도록 세상에 보내심을 받았는데, 이는 열방이 하나님을 알게 되고 결국에 하나님의 백성이 되도록 하기 위함이다. 바울은 에베소 교인들에게 이러한 부르심과 보내심의 본질에 합당한 삶을 살도록 가르치며 세상에 파송하고 있다.

함께 기념하는
공동체

구약의 믿음 공동체는 하나님께서 그들에게 베푸신 일을 기념하는 공동체였다. 구약을 통해서 하나님께서는 이스라엘 공동체에게 지속적으로 하나님이 누구신지, 그들에게 어떤 은혜를 베푸셨는지, 그리고 유대인들이 어떻게 포로 생활에서 벗어나 하나님의 백성으로 이루어져 갔는지 기억하고 기념하라고 명령하신다. 이러한 기념에는 출애굽 이전 이스라엘의 처참한 상태와 이들을 구원하신 하나님의 은혜가 포함되어 있다.

출애굽기에서는 이러한 하나님의 명령을 다음과 같이 요약해서 설명하고 있다. "모세가 백성에게 이르되 너희는 애굽 곧 종 되었던 집에서 나온 그 날을 기념하여 유교병을 먹지 말라 여호와께서 그 손의 권능으로 너희를 그 곳에서 인도해 내셨음이니라"(출 13:3). 또한 이러한 기념은 개인이 단순히 과거를 회상하는 차원이 아니라 공동체 전체가 함께 모여 하나님께서 하신 일을 기념하는 것이다. 하나님께서 이스라엘을 위해서 하신 일과 이전의 자신들의 끔찍한 상태를 기억하는 것은 이스라엘의 삶에 있어 중요한 부분이었다. 하나님께서는 유월절을 하나님께서 계시는 곳에서 기념하라고 명령하셨다. 따라서 이스라엘 사람들은 성전으로 모여서 그곳에서 제사를 드리고 하나님의 백성 전체가 공동체로 함께 유월절을 축하했다.

구원을 받기 이전 하나님의 백성의 처참한 상태와 이들을 구원하신 하나님의 은혜에 대한 기념은 구약에서만의 사건이 아니다. **에베소서는 기억과 축하의 편지이다.**[17] 에베소서는 추상적인 교리만을 담고 있는 서신이 아니다. 독자들로 하여금 자신들의 과거 상태를 기억하고 자신들이 하나님께로부터 받은 것을 축하함으로 진정으로 감사하고 겸손하게 하기 위한 서신이다. 이러한 기억과 축하의 본질은 "생각하라" 혹은 "기억하라"는 말에 담겨있다(2:11). **모세와 같이 바울은 하나님께서 자신들을 구하기 위해서 하신 일과 에베소 교인들의 끔찍한 과거의 상태를 공동체적으로 기념하라고 독자들에게 명령하고 있다.**

에베소서가 공동체적 기념을 강조하는 편지라는 것은 바울의 "그 때"(2:11)와 "이제"라는 대조적인 단어를 사용하는 것으로 분명히 표현되고 있다. 바울은 독자들에게 그들의 과거의 상태를 기억하라고 명령한다. "그러므로 생각하라 너희는 **그 때**에 육체로는 이방인이요 손으로 육체에 행한 할례를 받은 무리라 칭하는 자들로부터 할례를 받지 않은 무리라 칭함을 받는 자들이라 **그 때**에 너희는 그리스도 밖에 있었고 이스라엘 나라 밖의 사람이라 약속의 언약들에 대하여는 외인이요 세상에서 소망이 없고 하나님도 없는 자이더니 **이제**는 전에 멀리 있던 너희가 그리스도 예수 안에서 그리스도의 피로 가까워졌느니라"(2:11-13).

과거와 현재의 첨예한 대조는 13절 시작에서 "이제"라는 단어로 소개되고 19절에도 "이제부터"로 강조된다. 바울은 독자들로 하여금 현재의 상태와 하나님께서 그들을 위해서 그리스도 안에서 하신 일을 축하하라고 가르치고 있다. 이제 그리스도 안에서(13절), 그들은 성도들과 동일한 시민이요 하나님의 권속이 된 것이다(19절). 기억과 축하의 주제는 구약 전체를 통해서 반복적으로 나오고 있고, 바울은 이 주제를 유대 그리스도인들과 함께 하나님의 권속이 된 이방인 그리스도인들에게 적용하고 있다.

하나님의 백성은 구약, 신약 혹은 현재이든지 간에 기념의 공동체이다. 에베소서는 기억과 축하의 편지이고, "그 때"와 "이제"의 대조는 에베소 공동체뿐 아니라 이 특권을 누리는 이방인인 우리에게도 적용된다. 우리는 죄를 기억하라는 말을 하기 어려운 시대에 살고 있다. 그러나 우리가 과거의 상태를 함께 기억하지 않는다면 하나님의 은혜를 깨달을 자리가 사라진다.

교회는 '불러낸 자들'[18]이라는 뜻이다. 그런데 부르심을 받은 자들은 모두 보내심을 받은 자들이기 때문에 하나님께서 부르신 공동체(교회)는 곧 보냄을 받은 공동체(선교)이다. 그런데 부르고 바로 보내시는 것이 아니라 공동체적으로 기념하라고 말씀하신다. 예수님께서도 제자들을 불러내어 세상으로 보내시기까지 여러 해

동안 그들과 함께 시간을 보내셨고 그것을 계속해서 기억하고 기념하라고 하셨다. 따라서 교회는 기억과 축하의 공동체이다. 십자가에서 흘리신 그리스도의 피를 통해 드러난 하나님의 위대한 은혜에 감격함과 동시에 허물과 죄로 죽었던 우리의 과거를 함께 기억해야 할 것이다.

하나님의 선교의 열매로서의 공동체

에베소 교회는 하나님의 선교의 열매라는 정체성을 가지고 있다. 하나님의 선교는 신약시대에 갑자기 시작된 것이 아니다. 천지창조 아니 그 이전에 시작되었고(1:4), 에베소 교회와 그들을 위해서 쓰여진 에베소서는 하나님의 선교의 움직임의 결과물(시간적, 공간적, 사회적, 내적 움직임)인 것이다.

시간의 열매

성경은 시작과 끝이 있는 거대서사이다. 성경의 담화는 특정한 과거에서 보편적인 미래로 움직이는데, 이 보편적인 미래는 예수 그리스도의 삶, 죽음, 부활에 의해서 시작되었다.[19] 하나님의 선교의 시간적 움직임에 관해서, 에베소서 1장은 세상의 시작 이전부터 그리스도를 통한 하나님 백성의 구원의 절정까지 이르는 하나님의 선교의 파노라마를 그리고 있다.

먼저, 찬송시의 시작은 하나님께서 자신의 백성을 선택하신 것이 "창세 전"이라고 선언한다(1:4). 하나님의 선교는 창세 이전에 이미 시작되었고 "영원한 과거"로부터 시작된 것이다.[20] 하나님께서 자기 백성을 선택하신 것에 관한 이 신비로운 표현은 구원이 하나님께서 임의로 만드신 우연한 결정에 의해서 이루어진 것이 아니고 하나님의 계획 안에서 하나님의 은혜와 사랑으로 이루어진 것이라고 확증한다. 그리스도인의 구원은 하나님의 신적인 계획 안에서 이루어지고 창세 때에 아니 그 이전에 시작되었고 새로운 창조와 함께 완성될 것이다. 따라서 **하나님의 선교의 시간적인 움직임은 특정한 과거로부터 보편적인 미래로의 움직임을 넘어서 보편에서 보편으로 영원에서 영원으로의 움직임이다.**

두 번째로, 바울은 때가 찼고 열방의 구원이 그리스도를 통해서 그리스도 안에서 시작되었다고 설명하고 있다. 바울은 "그 뜻의 비밀을 우리에게 알리신 것이요 그의 기뻐하심을 따라 그리스도 안에서 때가 찬 경륜을 위하여 예정하신 것이니 하늘에 있는 것이나 땅에 있는 것이 다 그리스도 안에서 통일되게 하려 하심이라"(1:9-10)고 썼다. 하나님께서는 모든 것을 그리스도 안에서 통일되게 하시고자 하는 자신의 뜻을 이루시고 계신다. 이 모든 일의 시작은 예수 그리스도의 오심, 죽으심, 부활하심 그리고 높임을 받으심을 통해 이루어졌나(1:21-23). **하나님의 계획과 다스리심을 따라, 하늘에 있는 것이나 땅에 있는 것이나 모두 그리스도 안에서**

예정된 때가 오면 통일이 될 것이다. 바울은 이방인 그리스도인들에게 그 때의 시작점에 서 있으며 하나님의 계획의 궁극적인 이루어짐을 기대해야 한다는 메시지를 전달하고 있다.[21]

세 번째로, 이방인들은 이제 하나님의 계획과 다스림 속에서 하나님의 권속 즉, 가족의 일부가 되었다. **바울은 이방인들이 하나님의 가족에 포함되는 것은 하나님의 영원한 계획의 열매이고 이는 그리스도 안에서 예정하신 뜻의 결과라는 것을 알려주고 있다** (3:11). 바울은 담대함과 확신을 가지고 이방인 그리스도인들에게 자신이 처한 환난에 대해 낙심하지 말라고 권고한다. 왜냐하면 일어나는 모든 일들이 하나님의 영원한 계획 가운데 있기 때문이다.

이방인 그리스도인들은 하나님의 영원한 계획의 열매이다. 하나님께서는 때가 찼을 때에 그리스도 안에서 자신의 계획을 이루셨다. 이방인들은 상속자도 아니고 지체도 아니고 약속에 참여하는 자들도 아니었으나 이제 이스라엘과 함께 하나님의 가족이 되었다. 바울은 이 하나님의 비밀을 이방인 그리스도인들에게 가르치면서 이제 그들이 자신들의 부르심에 합당한 삶을 살 준비가 되어 있다고 단언한다(4:1). 바울은 이방인 그리스도인들이 유대 그리스도인들과 함께 하나님의 권속이 된 것은 우연이 아니고 하나님의 계획 안에서 이루어진 것임을 보여준다. **아브라함에서 열방으로 이어지는 특정한 과거에서 보편적인 미래로 가는 움직임을 넘어선 영원에서 영원까지 보편에서 보편으로의 움직임의 열매인 것이다.**

공간의 열매

하나님의 선교의 공간적인 움직임은 여러 성경구절에서 분명히 드러난다. 가장 유명한 구절은 사도행전 1장 8절의 예수님의 말씀일 것이다. "오직 성령이 너희에게 임하시면 너희가 권능을 받고 예루살렘과 온 유대와 사마리아와 땅 끝까지 이르러 내 증인이 되리라 하시니라." 승천하시기 전의 예수님의 이 마지막 말씀에 따라 사도행전은 진행되어 갔고, 주님의 마지막 명령을 들은 사도들은 충실히 그 말씀을 따랐다. 예루살렘, 유대, 사마리아와 같은 가까운 지역에 대한 예수님의 명령은 사도행전 1-8장이 증언하듯이 베드로를 중심으로 이루어졌다.

그러나 9장에서부터 장면의 전환이 일어나, 다메섹으로 가는 중 예수님을 만난 바울은 이후로 유대와 사마리아를 넘어선 지역에 복음을 전하는 주요 인물이 된다. 사도행전 19장에 쓰여 있듯이 에베소의 그리스도인들은 의심할 여지없이 바울에 의해 전해진 복음의 열매이다. 사도행전은 바울이 에베소의 두란노 서원에서 2년간 날마다 강론하며 아시아에 사는 유대인이나 헬라인들에게 주의 말씀을 전했다고 기록하고 있다(행 19:9-10).

바울이 이방인 그리스도인들을 하나님의 *선교*의 공간적 움직임의 열매로 쓰고 있지만, 에베소서는 단순히 복음이 어떻게 예루살렘에서 이방인에게로 전해졌는지 사도행전의 내용을 반복적으로 기록하는 것은 아니다. 예루살렘에서 시작되어서 열방으로 퍼져가는 복음의 공간적인 움직임의 열매인 이방인 그리스도인들은 더이상 하나님을 예배하기 위해서 예루살렘으로 올 필요가 없게 되었다. 왜냐하면 그들이 이제 그리스도 안에서 거룩한 성전이 되었기 때문이다(2:21).

이방인 그리스도인들을 하나님의 성전이라고 하는 바울의 선언은 예배의 중심이 더 이상 예루살렘이 아니고 그리스도임을 확증한다. 성전은 더 이상 특정한 장소가 아니다. 성전은 이제 그리스도 안에 있는 믿는 자들이 거하는 곳이다. 멀리 있던 이방인들이 이제 예수 그리스도의 피로 말미암아 원심적인 선교에 의해서 가까이 오게 된 것이다. 원심적인 선교와 구심적인 선교가 예수 그리스도 안에서 결합되었다. **구약에서 성전 중심이었던 하나님의 선교의 구심적인 특징이 원심적인 신약의 선교에 의해서 이제 새로운 성전의 중심이 되신 그리스도 안에서 실현된 것이다.**

바울은 자신의 다른 서신서에서도 이방인 그리스도인들을 성전의 이미지로 설명하였다(고전 3:16, 고후 6:16). 에베소서의 성전 이미지(2:21-22)가 다른 서신서와 구별되는 것은 이방 그리스도인 공동체를 역동적인 공동체로 묘사했다는 점이다. 바울은 그들이 거룩한 성전이 되어 가고(21절) 하나님이 거하실 처소가 되기 위해 함께 지어져 간다고(22절) 묘사한다. **바울은 에베소 그리스도인들이 이제 시작된 전 세계적인 그리스도인 공동체의 일부로 지어져 가고 있음을 알리고자 했다.** 그들은 하나님의 선교의 최종적인 결과물이 아니다. 진행형의 일부인 것이다. 따라서 바울은 다른 이들로 하여금 하나님의 가족이 되도록 하기 위해서 하나님의 선교에 참여하도록 격려함과 동시에 책무를 이야기하고 있다.

바울은 에베소의 이방인 그리스도인들에게 그들이 자신의 사도적 사명의 원심적 운동의 열매일 뿐만 아니라 하나님께서 그리스도 안에서 그의 백성을 멀리서 가까이 부르시는 구심적 운동의 산물이라는 메시지를 전한다. 하나님께서는 그들을 불러내어 그리스도 안에서 그의 성전으로 삼으셨고, 그곳에 거하시고 경배를 받으신다. 바울은 그들이 하나님의 선교의 공간적 움직임의 끝이 아니라는 것을 상기시키고, 에베소 교회로 하여금 남아있는 세상이 거룩한 성전이 되어가고 하나님의 거하시는 곳으로 함께 지어져 가는 과정인 하나님의 선교에 참여하라고 촉구한다.

화해의 열매

세 번째 하나님의 선교의 움직임은 사회적인 움직임이다. 에베소서는 하나님께서 자신의 선교에서 어떻게 두 특정 집단의 사람들을 하나로 만드시는지 설명한다. 에베소서 2장 11-22절은 바울이 "둘 다"(2:14, 16, 18), "둘"(2:15), "하나"(2:14, 15, 16, 18)라는 단어를 반복해서 사용하여 두 특정 집단의 단절과 화해를 강조하기 때문에 매우 독특하다.

바울은 우리의 평화이신 그리스도께서 두 민족을 하나로 만드시고 육체로 증오의 담을 허물어뜨리셨다고 말한다(2:14). 바울은 에베소 교인들에게 하나님께서 이전에 적대적이었던 두 민족을 그리스도 안에서 하나로 만드셨다는 것을 상기시킨다. 두 집단의 연합은 우호적인 태도를 가지고 단순한 협력을 하는 것을 의미하는 것이 아니라 그리스도 안에서 한 몸(16절)과 성전(21절)이 되는 것을 의미한다. 이것을 이루기 위해 하나님께서는 그의 아들을 희생하여 십자가에서 죽게 하셨고, 그리스도께서는 그의 육체로 담을 허무셔야 했다(14절). 이방인을 하나님의 구원에 들어오게 하고 그의 백성으로 삼는 비전(사 19:24-25; 슥 2:10-11)은 마침내 그리스도의 피와 살로 실현되었다.

하나님의 백성에 새로운 집단이 합류하는 것은 민족 간의 하나 됨에만 국한되지 않는다. **바울은 이방인 그리스도인들이 사회 계층 및 집단 간의 벽을 허물어 사회의 모든 사람들이 차별과 적대감 없이 서로 사랑하고 순종함으로써 하나님의 가족이 되어야 한다고 가르친다.** 바울은 4장과 5장 전반부에서 영적, 윤리적 가르침을 제공한 후, 성별, 세대, 사회적 지위 간의 장벽을 허무는 구체적인 예를 가정 내의 규범을 통해서 제공한다(5:21-6:9).

바울의 가르침은 여러 가지 유사점에도 불구하고 헬레니즘 가정 관리 제도와 같은 당시의 가정 규범과는 상당히 구별된다. 헬레니즘 규범과 바울의 가르침의 주요 차이점은 규범의 기초다. 헬레니즘 규범이 정치적, 경제적 동기에 기반을 둔 반면, 바울의 가르침은 그리스도에 의해 동기가 부여된다. 예를 들어, 헬레니즘 규범에서는 주인이 종을 잘 대우하여 더 생산적이 되도록 격려한다.[22] 이와는 대조적으로 그리스도께서 주인과 종 모두의 주인이시고,

주인과 종 모두 주님께 책무가 있기 때문에, 그리스도인 주인은 종을 학대해서는 안 되는 것이다. 바울은 믿는 자들에게 더 이상 이방인처럼 행해서는 안 된다고 확고히 말한다(4:17). 바울이 이렇게 믿는 자들에게 말한 것은 그들에게 부여된 새로운 정체성을 지니고 이방인들과 구별되는 삶을 살게 하기 위한 것이었다. 그들은 본래 육신의 지배를 받는 이방인이었다(2:11). 그러나 이제 더 이상 이방인이 아니며 그리스도 안에서 새로운 창조물이 되었다. 복음은 이렇게 사회적인 벽을 허물고 하나로 만든다.

사회 내에서 구별되는 공동체로서 갖는 그리스도 안에서의 새로운 정체성은 믿지 않는 자들을 하나님의 가족으로 초대하기 위한 책무와 깊은 관련이 있다. 에베소서의 목적이 선교적이라고 이해한다면, 에베소서의 가정 규범이 사회적 장벽을 깨고 다른 사람들을 하나님의 가족으로 초청하는 선교적 의미를 가지고 있다는 주장은 단순한 추측이 아닐 것이다. 가정 내의 그리스도인들은 하나님의 선교의 열매이다. 동시에 그들은 가정의 믿지 않는 구성원들을 하나님께로 인도하기 위한 하나님의 선교의 참여자이다. 마찬가지로 그리스도인 가정들은 하나님의 선교의 열매임과 동시에 사회의 믿지 않는 자들을 위한 하나님의 선교의 참여자이다.

내적 성숙의 열매

선교의 움직임의 또 다른 차원은 개인 내부의 움직임 혹은 성장이다. 바울은 하나님의 선교의 움직임을 민족 집단이나 개인의 수적 확장으로만 제시하지 않는다. 오히려 그는 둘로 자기 안에서 한 새 사람을 지어 화평하게 하시려고 그리스도께서 법조문으로 된 율법을 폐하셨다고 말한다(2:15). 이 새 사람은 그리스도 안에서 화해함으로 창조되었으며, 여기서 창조된 새 사람은 두 민족의 하나됨에 대한 이야기이다. 바울은 여기서 사용한 "새 사람"과 "창조됨"과 같은 언어를 4장에서 다시 사용한다(4:24). 바울은 2장에서 이방인들의 과거와 현재의 상태를 민족적인 차원에서 대조하지만, 4장에서는 한 개인 안에 서로 다른 두 사람을 대조한다. 바울은 이방인 그리스도인들이 그리스도 안에서 가르침을 받고(21절), 옛 사람을 벗어 버리고(22절), 새롭게 되어(23절), 새 사람을 입으라고(24절) 강력하게 권면한다.

2장에서 하나님께서 창조하신 새 사람의 형상을 민족적 차원에서 묘사한 바울은 이제 4장에서 개인적 차원으로 집중한다. 하나님의 백성은 새로운 민족이라는 공동체로 재창조되었다. 그들은 또한 개인적으로 새롭게 창조된다. **선교의 움직임은 민족적, 사회적, 종교적 경계를 넘어 더 넓고 더 멀리 이동하는 것만이 아니다. 개인의 더 깊은 수준으로 이동하여 개인의 전인적인 성품과 행동이 하나님의 주권 아래 있도록 한다.** 한 사람 안에서의 하나님의 선교의 움직임은 이전의 생활방식으로 살아가던 사람을 참된 의로움과 거룩함 안에서 하나님의 형상으로 창조된 새 사람으로 회복시킨다.

바울은 에베소 교인들에게 믿는 자들이 전인적인 성품의 변화로 더 깊이 들어가지 않고 그리스도 안에서 새 창조물로서의 부르심에 따라 살지 않는다면 하나님의 선교의 움직임은 완성되지 않는다고 가르친다. 마찬가지로 현시대의 그리스도인들도 이 움직임의 열매이며, 하나님의 선교의 이 끊임없는 움직임에 초대되었음을 상기시킨다. **전인적인 성품의 변화는 건강한 선교 공동체의 가늠자임과 동시에 선교적 정체성의 기초이기도 하다.**

5_하나님의 선교의 참여자

4-6장

바울은 에베소서의 처음 세 장을 통해 하나님의 선교의 삼위일체적 본성과 그 범위, 그리고 하나님의 선교의 열매인 이방인 그리스도인들의 정체성을 설명한 후, 그들이 자신의 정체성에 따라 살도록 격려하는 권고로 넘어간다. 바울은 "그러므로 내가 권하노니"라는 말로 에베소서 4장을 시작하는데, 이는 그가 호소하려는 가르침이 이전 장 전체에 기초하고 있음을 나타낸다. 바울이 4-6장에서 믿는 자들에게 강조하는 것은 1-3장에서 설명된 부르심에 합당한 방식으로 사는 방법에 대한 것이다. 이렇게 부르심에 합당하게 산다는 것은 단순히 성숙한 기독교인으로 사는 것을 넘어서 구별된 삶을 통해서 믿지 않는 사람들에게 하나님을 드러내고, 그들도 하나님의 백성의 일부가 되도록 초청하는 선교적 의미를 담고 있다.

하나됨을 넘어서
―선교적 연합

　　　　바울은 윤리에 관한 설교로 바로 들어가지 않

고, 교회의 다양한 사역(4:7-16)의 기초가 되는 하나됨을 지키라고 강조하고 있다(4:2-6). 교회의 연합 혹은 일치는 에베소서 전체에서 가장 중요한 주제 중의 하나이고 교회의 부르심의 주요한 목적 중의 하나로 여겨진다. 교회의 하나됨이 주요한 주제임은 분명하나 이 하나됨이 부르심을 수행해 나가는 수단이 아닌 궁극적인 목적인지에는 의문의 여지가 있다.

바울은 1-3절에서 "그러므로 주 안에서 갇힌 내가 너희를 권하노니 너희가 부르심을 받은 일에 합당하게 행하여 모든 겸손과 온유로 하고 오래 참음으로 사랑 가운데서 서로 용납하고 평안의 매는 줄로 성령이 하나 되게 하신 것을 힘써 지키라"라고 권고한다. 여기서 하나된 것을 힘써 지키는 것은 목적으로 이해하기보다는 부르심을 받은 일에 합당하게 행하기 위한 방법으로 이해하는 것이 에베소서 전체적인 맥락에 합당하다.

여기서 하나됨은 믿는 자들 간의 내부적인 일치와 연합만을 위한 것이 아니라 주변 사람들에게 믿는 자들의 구별됨을 보여줌으로 인해 분열, 소회, 배척의 증상을 매일 겪고 있는 사람들에게 새로운 공동체의 가능성을 제시한다. 하나됨의 외적인 본성은 신약의 다른 곳에서도 언급된다. 요한복음 17장에서 제자들을 위한 기도에서 예수님은 그 기도가 제자들만을 위한 것이 아니라 그들을 통해 그리스도를 믿게 될 사람들을 위한 것이라고 말씀하신다 (요 17:20). 예수님은 아버지와 자신 그리고 제자들 사이의 하나됨의 목적이 세상으로 하여금 하나님께서 자신을 보내셨고 세상을 사랑하셨다고 믿게 하는 것이라고 덧붙이신다(요 17:21-23).

부르심을 실천에 옮기는 수단으로서 믿는 자들의 하나됨은, 서신의 나머지 부분에서 주어지는 윤리적 명령의 전제 조건으로 이해하는 것이 더 올바른 이해라고 할 수 있겠다. 유대인과 이방인 사이의 관계가 우호적이지 않은 상황에서,[23] 그리스도인들의 하나됨은 믿지 않는 자들에게 보여지는 그리스도인의 구별되는 특성이다. 에베소의 믿는 자들은 하나님의 선교에 참여하는 자로서의 부르심을 성취하기 위해 그리스도 안에서 하나되도록 부름을 받았다.

울타리를 넘어서
―선교적 은사

믿는 자들에게 성령이 하나 되게 하신 것을 힘써 지키라고 권고한 후에 바울은 그리스도께서 그리스도인 공동체의 모든 일원들에게 주신 다양한 선물로 주제를 옮긴다. 바울은 이 선물에 대해 '그리스도의' 선물이라고 말함으로써 선물을 주시는 이가 그리스도이심을 분명히 하고 있다(4:7). 바울은 그리스도인들이 선물로 받은 다섯 종류의 사역으로, "사도", "선지자", "복음 전하는 자", "목사와 교사"를 언급한다(11절).

바울은 7-12절에서 교회 사역의 다양성에 대해 이야기하지만,

많은 학자들은 이 구절의 초점이 여전히 교회의 연합이며, 사역의 다양성은 하나됨을 이루는 수단이라고 이해한다.[24] 그러나 앞에서 본 바와 같이 만일 하나됨이 궁극적인 목적이 아니라 그리스도인의 부르심을 성취하는 수단으로 이해된다면, 다양한 사역의 목적을 바울의 권고의 포괄적인 기초인 부르심의 관점에서 이해하는 것이 적절하다. 바울은 다양한 사역의 목적을 "성도를 온전하게 하여 봉사의 일을 하게 하며 그리스도의 몸을 세우려 하심이라"(12절)고 말한다. 여기에 나오는 봉사의 일을 하게 하는 것과 그리스도의 몸을 세우는 것은 모든 신자들에게 주어진 부르심이다. 다시 말하면 선택된 지도자들의 책임은 각 성도들이 책임을 다할 수 있도록 온전하게 하는 것이고, 봉사의 일과 그리스도의 몸을 세우는 활동은 모든 성도의 책임이다. **더 나아가 봉사의 일을 하는 것과 그리스도의 몸을 세우는 것과 같은 성도들의 사역은 교회 내에 한정될 필요가 없이 사회를 섬기도록 부름을 받은 하나님의 선교의 참여자로서 교회의 정체성의 맥락에서 이해되어야 한다.**

교회의 다양한 사역은 성도들이 봉사의 일을 할 수 있도록 준비시키기 위해 지도자들에게 주어졌고, 하나님의 은사가 몸의 모든 지체에게 부여되었으므로, 각 지체가 특정한 직책을 가지고 있지 않아도 교회의 사역은 회중에 의해 수행된다고 추론하는 것은 당연하다. 사역 중에서 사도와 전도자의 사역은 모두 교회 내에서의 사역이 아니라 교회 밖의 세상과 연결되어 그리스도의 복음을 전하는 일과 관련이 있으므로 외적인 본성이 있다고 보아야 한다.

우리에게 '사도' 혹은 '전도자'라는 직책이 없더라도 사도와 전도자의 일을 포함한 교회 외적인 봉사의 일은 모든 그리스도인들의 책임인 것이다.

이와 같은 맥락에서 크리스토퍼 라이트(Christopher Wright)는 다른 사역들의 범위도 사회로 확장한다. 그는 에베소서의 '봉사의 일'(4:12)이 "교회를 포함한 사회 전체 내의 모든 형태의 봉사"를 의미한다고 주장하며 목사의 사역의 선교적 측면을 강조한다.

> 성도들이 목사의 사역을 지원하기 위해 주일에 교회에 가는 것이 아니다. 목사가 성도들의 사역을 지원하기 위해 주일에 교회에 간다. 그리고 성도의 사역, 즉 진정한 선교로 간주되는 사역은 교회 벽을 넘어선 밖, 세상에서 소금과 빛이 되는 것이다 (Wright 2010, 272).

사역의 이러한 외적인 본성은 하나님의 선교 목표, 즉 하나님의 영광과 일치한다. 그리스도인은 하나님의 선교에 참여하기 위해 예정되고, 선택되고, 구속되어 윤리적 구별과 창조적 보살핌을 통해 거룩한 나라로서 열방에게 자신을 드러낸다. 따라서 **교회의 사역은 본질적으로 선교적이며, 그리스도께서 주신 다양한 은사는 세상을 위한 봉사와 궁극적으로 하나님의 영광을 위한 것이다.**

따로 또 같이
—선교적 성숙

　　　　　　　　그리스도의 몸은 몸의 일부인 각 성도들이 선
교적일 때에만 선교적일 수 있다. 교회의 다양한 사역의 목적을
쓴 후 바울은, 그리스도인들인 '우리 모두'가 도달하고자 하는 세
가지 목표를 설정한다(4:13). 이 세 가지 목표는 1) 우리가 다 하나
님의 아들을 믿는 것과 아는 일에 하나가 되는 것, 2) 온전한 사람
을 이루는 것, 3) 그리스도의 장성한 분량이 충만한 데까지 이르는
것이다. 이 목표는 믿는 자들의 모임 즉 교회 공동체를 위해서 설
정된 것이다.

　여기에는 공동체적인 측면이 분명히 있으나 그리스도인 개인이
온전한 사람을 이루고 그리스도의 장성한 분량이 충만한 데까지
이르는 목표로 이해되는 것을 배제할 필요는 없다. 먼저 교회는
추상적인 기관이나 단체가 아니라 믿는 개인들의 모임이다. 두 번
째, 교회의 성장은 개인의 성장 없이는 이루어질 수 없다. 궁극적
으로 개인들의 모임인 공동체에 초점이 맞추어져 있어도 개인적
성장은 공동체 성장의 전제 조건이고 그리스도 공동체의 성숙은
개인적 성장의 바람직한 결과이기 때문이다.

　바울은 이러한 장성한 분량의 결과를 다음과 같이 쓰고 있다.
"이는 우리가 이제부터 어린아이가 되지 아니하여 사람의 속임수

와 간사한 유혹에 빠져 온갖 교훈의 풍조에 밀려 요동하지 않게 하려 함이라 오직 사랑 안에서 참된 것을 하여 범사에 그에게까지 자랄지라 그는 머리니 곧 그리스도라"(4:14-15) 바울이 비록 '우리'라는 단어를 사용해서 공동체적인 성장을 강조하더라도 그리스도인 개인들의 성장이 담보되지 않은 상태에서 공동체의 성장은 요원한 것이다.

바울은 개인이 온 몸의 건강한 지체가 되기를 원한다는 관심을 다음과 같이 표현하여 더욱 강조한다. "그에게서 온 몸이 각 마디를 통하여 도움을 받음으로 연결되고 결합되어 각 지체의 분량대로 역사하여 그 몸을 자라게 하며 사랑 안에서 스스로 세우느니라"(4:16). 몸의 성장은 각 지체의 적절한 활동과 그들 사이의 적합한 연결과 결합을 통해서만 가능하다는 것이 분명하다. 성도들은 각자 개별적으로가 아니라 함께 협력하고 서로 도우며 노력해야 하고, 아무도 이 노력에서 제외되어서는 안 된다. 건물이 튼튼하고 원래의 목적에 따라 기능하려면 원자재가 양호한 상태여야 하고 제자리에 위치해야 한다. 아무리 결합과 연결이 잘 되었어도 원자재가 양호하지 않으면 튼튼한 건물을 지을 수 없는 것은 자명하다. 마찬가지로 그리스도의 몸인 교회가 성장하고 성숙하려면 몸의 지체인 성도들이 역할을 잘 수행하고 서로 적절하게 연결되고 결합되어야 한다. 따라서 적절하게 기능하는 건강한 개개의 성도들이 건강한 교회의 기본이 된다는 것은 두말할 필요도 없는 것이다. **선교의 참여자로서 교회는 성도 개개인이 그리고 공동체로서 그리**

스도의 장성한 분량까지 자라야 한다.

선교적 상호작용
─선교적 성장

　　　　　"우리"(4:13)는 바울과 그의 동시대 신자들을
가리키지만, 그들만을 가리키는 것으로 이해할 필요는 없다.
비록 "우리"는 앞 구절(12절)에서 "성도"를 의미하지만, 오고오
는 세대의 성도들에게까지 확장될 수 있다(2:7). 바울은 디모
데에게 모든 사람을 위해 기도하라고 권고하는데, 그것은 "모
든 사람이 구원을 받고 진리의 지식에 이르기를 원하시는"(딤
전 2:4) 하나님을 기쁘시게 하는 일이기 때문이다.

위에 나타난 에베소서와 디모데전서의 내용은 유사한 면을 가지
고 있다. 바울은 성도들의 '내적 성장' 즉 그리스도의 장성한 분량
이 충만한 데까지 이르는 것을 강조하지만, 디모데전서에서 볼 수
있듯이 '외적 성장' 즉 모든 사람이 구원을 받고 진리의 지식에
이르는 것을 원하시는 하나님의 뜻도 인정한다. 율법 선생이라 불
리기를 원하지만 자기가 말하는 것이나 자기가 확증하는 것도 깨
닫지 못하는 자들에 반하여(딤전 1:7), 바울은 하나님의 구원이 민족
적, 사회적, 경제적 배경에 관계없이 모든 사람을 위한 것이라고
확증한다.

바울이 가르친 대로 **1) 믿는 이들의 내적 하나됨과, 2) 교회의 성숙과 외적 성장은 서로에게 없어서는 안 되는 것이다.** 몸이 성숙하려면 내적 성숙만으로는 충분하지 않고, 외적 성장이 수반되어야 한다. 마찬가지로 그리스도의 몸인 교회는 내적으로 성숙하고 동시에 외적으로 성장하여 성숙하고 건강한 몸이 되어야 한다. 바울은 현재의 회중이 하나님의 선교의 최종 열매가 아니라 그리스도의 우주적인 몸을 지어가는 과정의 일부임을 알고 있었다. 따라서 교회의 내적 성숙과 외적 성장 사이에는 양방향적 상호 작용이 있다. 현재의 몸이 견고하고 건강하면 더 많은 사람을 끌어들여 몸이 커지고 성숙해진다.[25] 몸의 크기가 커짐과 동시에 다른 사람들에게 매력적이고 구별이 되려면 다시 하나됨과 성숙이 필요한 것이다. 이 상호 작용은 모든 민족, 사회, 언어 집단을 포함함으로써 (계 7:9) 점점 더 넓어지고 견고해질 것이며, 이 일은 세상이 끝날 때까지 계속될 것이다.

단절과 구별
―선교적 단절

　　　　　바울은 교회의 하나됨과 사역의 다양성의 목적, 그리고 교회의 성숙을 가르친 후, 하나님의 창조물인 성도들이 어떻게 옛 삶과 근본적으로 단절된 삶을 살아야 하는지에 대한 주제로 넘어간다(4:17-24). **그리스도의 몸의 일부로서 건강한 개인은**

이전에 그들이 속해 있던 이방인들의 길을 더 이상 걸어서는 안된다.

바울은 "그러므로 내가 이것을 말하며 주 안에서 증언하노니 이제부터 너희는 이방인이 그 마음의 허망한 것으로 행함 같이 행하지 말라"(4:17)고 명령한다. 바울은 "주 안에서"를 덧붙임으로써, 그가 선언하고 주장하는 것이 자신에게서 나온 것이 아니라 주님의 권위에서 나온 것이라고 독자들에게 호소한다. 바울은 그들의 옛 삶의 단절이 점진적이거나 선택적인 것이 아니라 "이제부터" 즉각적이고 의무적이어야 한다는 것을 분명히 보여준다.

에베소서 전반에 걸쳐 바울은 독자들에게 그들의 옛 생활방식/상황을 상기시키고, 이방인일 때의 이전 생활방식을 따라 지혜 없는 자같이 사는 것이 아닌 부르심을 따라 지혜 있는 자같이 '걷고 살아갈 것'을 촉구한다(2:10; 4:1; 5:2, 8, 15). 하나님께서 모세를 통해 하나님의 길을 걷고 그를 두려워하라고 구약에서 가르치시는 것처럼(신 8:6), 바울은 그리스도인들에게 두 가지 생활방식, 즉 그리스도의 길인 진리의 길(4:21)과 이방인의 길인 유혹의 욕심을 따라 썩어져 가는 길(4:22) 중에서 선택하라고 촉구하고 있다.

구약에서는 모세의 율법이 하나님의 길을 따르는지 판단하는 시금석으로 사용되었지만, 바울은 이제 자신 안에 진리를 소유하신 예수 그리스도께서 그 역할을 하신다고 선언한다(4:21). 바울은 에베소의 성도들에게 이방인의 길을 걷는 것은 그들이 예수 안에서

배운 삶의 길이 아니라고 가르친다(4:20). 바울은 주님의 길을 걷는 방법이 옛 사람을 벗어버리고 새롭게 되어 하나님을 따라 지으심을 받은 새 사람을 입는 것이라고 말한다(4:22-24). 바울은 여기서 믿는 자들에게 다시 새롭게 됨을 받으라고 요구하지 않는다. 그것은 회심에서 이미 성취되었다. 성도들은 이미 새로운 창조물이다 (2:10). 바울은 그들이 이미 "옛 사람을 벗어버렸고"(4:22) "새 사람을 입었다"(4:24)고 단호하게 말한다.[26] 따라서 에베소의 신자들은 그들의 새로운 정체성에 따라 행하라는 요청을 받고 있는 것이다.

바울은 그들에게 옛 사람에서 새 사람으로의 변화가 추상적인 생각이 아니라는 것을 상기시킨다. 이 정체성의 변화는 과거의 삶의 방식으로부터 눈에 보이는 윤리적, 도덕적 단절을 요구한다. 바울은 그리스도를 믿는 성도들에게 성령에 의한 새로운 정체성의 외적 증거를 강조하고, 이 새 사람은 하나님의 형상을 따라 "의와 진리의 거룩함으로" 지으심을 받았다고 단언한다(4:24). 따라서 믿는 자가 성령으로 마음이 새롭게 되고 새로운 자아를 입으면 이에 따른 생활양식을 선택하게 되고, 이는 그리스도 안에 있는 의로움과 진리의 거룩함 안에서 하나님의 형상에 걸맞은 삶을 사는 것이다

새로운 삶의 방식은 거짓된 욕망으로 인해 생겼던 이전의 삶의 방식과의 완전한 단절이다. 하나님의 선교는 개인이 옛 사람에서 새 사람으로 완전히 새롭게 되는 것을 요구한다. 이 새롭게 된 사람에게는 새로운 정체성에 걸맞은 삶으로 말미암아 이웃 공동체에

구별됨을 보여주고, 하나님의 영광을 드러내고, 결국에는 이웃들을 이 새로운 하나님의 공동체의 일부로 초청하는 책무가 있다. 이것이 바울이 에베소서에서 가르치는 '윤리적 덕목들과 가정 규범'(4:25-6:9)의 기초이다.

그리스도 대 로마
─선교적 윤리

옛 사람과 새 사람의 정체성 문제를 다룬 바울은 미덕과 악덕의 대조를 통한 권고(4:25-5:20)를 시작한다. 바울은 두 가지 삶의 방식을 명확히 대조하고 독자들에게 주님을 기쁘시게 하는 길을 선택하라고 촉구하고 있다. 혹자는 "우리가 서로 지체가 됨이라"(4:25)에 근거하여 이 권고는 교회 내적인 삶에만 관련이 있다고 주장한다.[27] 바울이 믿지 않는 이웃에게 복음을 전하는 일에 관심이 없기 때문에, 성도들을 선교와 복음적 과업을 위해 훈련시키는 것이 이 권고의 의도가 아니라는 주장이다.

그러나 바울의 윤리적 권고에서 선교적 측면을 배제할 수는 없다. 앞에서 말했듯이, 교회의 하나됨이 최종적인 목표가 아니라 하나님의 선교에 참여하는 자로서 그들의 부르심을 성취하는 수단이라면, 바울이 독자들에게 한 가르침이 단지 공동체 내적인 일에만 관심을 가지고 있었다고 주장하기는 어렵다. 믿음의 공동체는 구약의 이스라엘처럼 본질적으로 이웃에게 노출되어 있고, 삶이 그들에게 보여지고, 또한 비교되며, 윤리적으로 살도록 도전받는다. 구약의 이스라엘 공동체가 윤리적인 삶을 보여주도록 도전받은 것과 마찬가지로 신약의 하나님의 백성은 교회의 경계를 넘어 윤리적인 삶의 방식을 보여줄 수 있어야 하며, 그들의 윤리는 불신자들보다 우월해야 한다. **따라서 바울의 의도가 이방인들 사이에 선교적 공동체를 건설하는 것이라면, 그가 독자들에게 촉구하는 도덕적 행동 역시 선교적이어야 한다.**

구약 이스라엘의 공공성이 신약 교회에 적용되기 위해서는 교회의 윤리적 기준과 관행이 이방인들의 기준과 관행보다 우월하다는 것을 보여주어야 한다. 이에 대한 바울서신의 내적 증거는 충분하다. 바울은 이방인들의 길을 '모든 감각을 잃고 음란함과 탐욕에 빠져 온갖 부정을 행하는 것'으로 묘사한다(4:17-19). 왜냐하면 그들의 마음이 완악해져서 결과적으로 하나님의 생명에서 떠나 있기 때문이다. 바울은 갈라디아서에서 성령이 인도하는 삶에 반대되는 육신의 삶의 특징을 나열하는데, 이것들은 "음행과 더러운 것과 호색과 우상 숭배와 주술과 원수 맺는 것과 분쟁과 시기와 분냄과 당 짓는 것과 분열함과 이단과 투기와 술 취함과 방탕함과 또 그와 같은 것들"(갈 5:19-21)이다. 바울이 이방인의 삶의 방식을 비난한 유일한 신약 저자가 아니다. 베드로도 이방인의 옛 방식을 "음란과 정욕과 술취함과 방탕과 향락과 무법한 우상 숭배"(벧전 4:3)를 하면서 사는 것으로 묘사한다.

만약에 일부 학자들이 주장하는 것처럼 이방인의 삶과 그리스도인의 삶의 기준이 그렇게 다르지 않다면,[28] 그리고 에베소서의 독자들이 새 사람(그리스도인)과 옛 사람(이방인)의 윤리적 실천 사이의 차이를 보지 못한다면, 바울의 가르침이 설득력이 있을지 의심스럽다. 그들은 이방인의 삶을 그리스도의 몸의 일원이 되기 전에 매일 거리낌 없이 살았을 수도 있다. 따라서 바울의 가르침이 영향력이 있고 설득력이 있으려면 그리스도인의 윤리와 이방인의 윤리 사이에 중요한 구별점이 있어야 한다.

로마시대의 대중적인 윤리는 두 가지로 특징지어질 수 있다. **첫째, 도덕적 행동은 '상황적'이다.** 이는 모든 상황에서 모든 사람에게 동일하게 적용되지는 않고 상황에 따라 더 많은 요구를 하기도 하고 더 적은 요구를 하기도 한다는 것이다. 상황 윤리는 사람들에게 다양한 사회적 지위/위치 및 상황에 따라 도덕적 행동을 조정하도록 요구한다. 다시 말해, 개인의 판단과 상황이 선과 악의 척도가 되는 것이다. **둘째, 도덕적 행동이 인간 본성에서 유래했으며 도덕적 행동의 주요 목적은 인간 사회를 유지하는 것이다.** 따라서 로마사회의 도덕의 목적은 로마사회를 유지하는 것이고 좋은 삶을 살아가는 것은 잘 유지되는 로마에서 또 다른 하루를 살아가는 것이 된다.[29]

이러한 로마시대 윤리의 특징에 바울은 심히 불만족스러웠을 것이다. **먼저 바울이 제시한 미덕과 악덕은 상황적이 아니고 주변 환경에 따라 변하지 않는 것이다.** 바울이 에베소서에서 제시한 미덕과 악덕을 상황에 따른 것으로 보았을 가능성은 매우 낮다. 왜냐하면 그 대부분이 하나님께서 그의 백성에게 직접 주신 십계명에 기초하기 때문이다. 바울은 윤리적 행동을 실천하는 것에 대해 진지했고, 이는 모든 그리스도인에게 적용되는 것이다. 바울에게는 헬라인과 유대인, 할례받은 사람과 할례받지 않은 사람, 야만인이나 스구디아인, 종이나 자유인이나 그리스도 안에서의 차별이 없으므로(골 3:11), 그리스도인은 개인의 사회경제적 상황, 지위, 위치에 관계없이 윤리적인 삶을 살아야 한다.

두 번째 특성과 관련하여 바울은 **에베소서와 다른 서신에 제시된 윤리적 행동이** 인간 본성에서 비롯된 것이 아니며 인간 사회를 위해 존재하지 않고, **하나님으로부터 나왔고 하나님의 영광을 위해 존재했다는 것을 인정한다.** 하나님의 새로운 창조물로서, 하나님의 백성의 윤리적 행동은 하나님의 본성을 반영하라는 명령 중 하나이며 세상에 그의 영광을 드러내는 수단이다. 로마 윤리는 로마의 신, 영웅, 이야기에 기초한 반면, 바울은 자신이 가르치는 윤리의 기초를 삼위일체 하나님께로 돌린다(4:17-24). 또한 인간의 부도덕한 행동에 대한 로마의 개념은 인간의 타고난 무능함의 결과이다. 그러나 바울은 인간이 어둠 속을 걷고 거짓된 삶을 사는 것은 하나님으로부터 멀어진 데서 기인한다고 보고 있다(4:18).

로마인과 기독교인의 윤리는 그 기원, 목적, 실행에 있어서 근본적으로 다르다고 바울은 인식하고 가르치고 있다. 따라서 바울이 독자들에게 더 이상 이방인처럼 걷지 말고 주님의 길을 걸으라고 촉구하는 것은 타당하며, 그의 가르침을 받은 독자들은 이 차이점을 발견하고 과거의 삶을 버리고 새로운 주님의 길을 걷기 위해 노력했을 것이다. 이러한 기독교인의 윤리와 이방인의 윤리 사이의 중요한 차이점은 에베소서에 나타난 바울의 가르침(4:25-5:10)을 본질적으로 선교적이도록 한다.

이와 더불어 바울은 5장 서두에서, 믿는 자들은 하나님의 자녀이며 하나님을 본받는 자가 되어야 한다고 분명히 언급한다. 에베소 교인들이 실천해야 할/해서는 안 될 미덕과 악덕을 언급한 후, 바울은 그들이 이제 주님 안에서 빛이 되었으며 빛의 자녀처럼 행하라고 권고한다(5:8). 빛의 사역은 모든 것을 드러내는 것이고(5:13) 빛의 본질은 비추는 것이다(5:14). **믿지 않은 이웃들은 어두움 가운데 있다. 그러므로 주님 안에서 빛인 믿는 자들은 자신들의 삶으로 믿지 않는 이웃을 비추고 그들을 빛으로 초대해야 한다.** 이는 주님의 말씀과 동일하다. "너희는 세상의 빛이라 산 위에 있는 동네가 숨겨지지 못할 것이요 사람이 등불을 켜서 말 아래에 두지 아니하고 등경 위에 두나니 이러므로 집 안 모든 사람에게 비치느니라 이같이 너희 빛이 사람 앞에 비치게 하여 그들로 너희 착한 행실을 보고 하늘에 계신 너희 아버지께 영광을 돌리게 하라"(마 4:14-16).

바울은 지혜롭게 행하고, 주님의 뜻을 이해하고, 성령으로 충만해지고, 주님의 이름으로 하나님 아버지께 찬양과 감사를 드리라는 말로 자신의 가르침을 마무리한다(5:15-20). 그리고 바울은 그리스도인들의 윤리적, 도덕적 삶에서 서로에 대한 가장 기본적인 태도인 "그리스도를 경외함으로 피차 복종하라"(5:21)로 로마사회의

기본 단위로 여겨지는 가정 안에서의 구체적인 가르침을 시작한
다.

힘 있는 자로부터
—선교적 속성

로마 세계에서 가족은 가족의 복지 외에도 부
와 사회적 명성을 증진하는 데 있어 가족 구성원들이 특정한 지위
와 역할을 가진 사회의 기본 단위이다. 로마사회의 가족은 부모,
자녀, 성인 형제자매, 사촌, 조부모, 종, 자유인으로 구성된 작은
공동체이다.[30] 따라서 바울에게 가족은 원칙과 실천에 있어 그의
가르침을 처음으로 적용하고 더 넓은 공동체로 확장시킬 수 있는
적절한 곳이다. 가족에서 가부장은 법적으로 그의 집안의 주인이
고[31] 가족에서 가장 높은 사회적, 법적 지위를 가진다.[32] 따라서
가부장은 항상 그의 아내, 자녀, 종보다 우월하다.[33] 로마사회에서
아버지는 인간에 대해서는 신의 역할, 정치에서는 국가의 역할, 가
정에서는 아버지의 역할, 신체에 대해서는 정신의 역할을 감당했
다 가부장은 자신에게 의존하는 여성, 남성, 어린이를 항상 다스
렸다.[34] **가부장은 모든 가족 구성원에 대한 권한을 가졌기 때문에
권력은 남편/아버지/주인에게 집중된다. 가부장은 복종의 대상이
고 나머지 가족 구성원은 가부장의 권위와 권력에 복종해야 하는
위치에 있다.**

따라서 가부장에 대한 '복종'이라는 개념과 관행은 가족의 종속된 구성원, 즉 아내, 자녀, 종들에게는 생소한 개념이 아니다. 그렇다면 바울이 가정에 한 에베소서의 권고, "자기 남편에게 복종하라"(5:22), "너희 부모에게 순종하라"(6:1), "육체의 상전에게 순종하라"(6:5)는 것은 기독교 윤리의 구별되는 특징이 될 수 없다. 그것은 로마사회의 규범이었고, 불순종은 규범을 어기는 것이었다. 그러면 세속 가정 규범과 어떤 차이가 있어서 바울이 이러한 권고를 하는지 질문해야 한다.

바울은 아내가 남편에게 복종하는 방식과 동기를 그리스도와 교회 사이의 관계와 연결하기 위해 "하듯/같음"을 반복해서 사용한다. "주께 하듯"(5:22), "그리스도께서 교회의 머리 됨과 같음이니"(5:23), "교회가 그리스도에게 하듯"(5:24). 그리스도가 열쇠다. 아내는 사회와 문화의 규범이기 때문에 남편에게 복종하는 것이 아니라 그리스도께 복종하고 그리스도와 교회 사이의 관계의 본질을 이해하기 때문에 남편에게 복종한다.

마찬가지로 자녀들은 이제 주님 안에 있기 때문에 부모에게 순종하고 공경한다(6:1). 로마 가정에서는 자녀들이 아버지에게 순종하는 것이 당연한 것으로 여겨졌다. 그들의 순종은 두려움/체벌, 정신적/신체적 혜택 또는 사회적 규범에서 비롯된 것이었다. 그러나 이제 그리스도인 공동체의 일부로서 자녀들은 그리스도인이라는 정체성 안에서 부모에게 순종하도록 요구받는다. 바울은 자녀들이 부모에게 순종하는 동기를 제시하는데, 그 이유는 1) 옳기 때문이고, 2) "네 아버지와 어머니를 공경하라"는 것이 구약에서 약속이 있는 첫 번째 계명이기 때문이다(6:1-2). 구약의 인용은 가정의 규범이 당시의 문화와 관습에만 관련이 있는 것이 아니라 구약에 근거하고 있음을 보여준다. 더욱이 바울은 이 인용을 통해 새 백성이 구약의 하나님의 백성의 연속이며, 하나님께서는 이스라엘 백성과 동일한 관계를 이들과 맺고 있음을 확인한다.

바울은 주인에게 순종하는 종의 동기도 동일하게 그리스도께 그 기초를 둔다. 바울은 종들에게 그리스도에게 순종하듯이 세상 주인에게 순종하고(5절) 주님께 하듯 세상 주인을 섬기라고 권고한다(7절). 바울은 종에게만 고유한 두 가지 표현을 사용한다. 이는 "그리스도의 종"과 "하나님의 뜻"(6절)이다. 종이 주인에게 복종하는 동기의 구별된 특징은 그리스도 안에서의 새로운 정체성이다. 바울은 종들이 주님의 종이라고 말함으로써 그들이 새로운 신앙 공동체의 합법적인 구성원이며 하나님의 나라에서 완전한 상속과 시민권을 가지고 있다는 메시지를 전달함과 동시에,35 종과 주인의 사회적 지위의 차이를 상대화한다(고전 7:20-22).36

바울이 당시의 사회 구조를 부정하려는 의도는 없지만, 그는 종과 주인의 관계에서 더 높고 궁극적인 동기를 제시한다.37 바울은 또한 종들에게 마음으로부터 '하나님의 뜻'을 행하라고 권고한다(6절). 바울은 같은 문구인 '하나님의 뜻'을 1장 9절에서도 이미 사용하였다. 6장에 나타난 "하나님의 뜻"(6:6)에 대한 대부분의 해석은 집안일과 종들의 의무의 영역으로 이해한다. 물론 그리스도인이

된 종들은 여전히 자신의 의무를 하나님의 뜻이라고 여기며 사회의 구조 안에서 역할을 해야 한다. 그러나 여기에는 또한 선교적인 요소가 있음을 부인할 수 없다.

만약에 하나님의 뜻을 종(그리고 다른 가족 구성원)이 그리스도 안에서 선행을 통해 주인과 가족 구성원에게 빛을 비추라는 선교적 사명과 연결시키지 못한다면 에베소서 전체의 맥락 안에서 이해하지 못하는 것이다. 이전 장에서 하나됨과 거룩함이 교회 내에서 바울의 주요 관심사 중 하나라는 데 동의하면서 윤리적 책임과 하나됨에는 선교적인 요소도 있다고 말했다. 에베소서를 하나님의 선교 도구로 볼 때, 하나님의 뜻을 행하는 종이 가정 내의 하나됨과 질서를 위해 매일 충실하게 주인을 섬기는 것뿐만 아니라 주인이 그리스도인이 아닐 경우 주인을 얻는 선교적인 목적이 있다고 보는 것이 적절하다(딛 2:9-10).

가부장에게 종속된 가족의 일원들에게는 남편, 아버지, 주인에 대한 그들의 외적인 행동은 바울의 훈계가 있든 없든 비슷했을 가능성도 있다. **그러나 바울은 그들에게 더 높은 동기에서 그렇게 하라고 요구한다.** 바울의 이러한 전환적인 요구는 하나님의 나라와 그리스도의 종으로서 그들의 동기가 세상적인 이유에서 하늘나라의 관점으로 바뀌었다는 것이다.

또한 에베소 가정 규범은 종속된 사람들에게 그들을 평등하게 대하시는 하나님의 가족으로서의 새로운 정체성을 가지고 있다는 것을 상기시켜 주는데, 이는 전통적인 사회 구조에서는 경험하지 못했을 것들이다. 따라서 그들의 행동은 더 충실하고 예전과 다를 것이다. **이 새로운 동기와 정체성은 그들을 그리스도의 종으로서 더 나은 아내/자녀/종으로 만들고 궁극적으로 사람들을 하나님께로 이끌 것이다.** 그들은 힘 있는 자로부터 설령 잘못된 취급을 받는다고 하더라고 예전처럼 반응하지 않고, 주님 안에 있는 소망의 이유를 그들에게 말할 준비가 되어 있을 것이다(벧전 3:15).

에베소서에서 바울은 가정 내에서 상호 간의 규범의 원칙으로 "그리스도를 경외함으로 피차 복종하라"는 명령을 그리스도인 가정에게 준다(5:21). 이 "피차 복종하라"는 바울의 명령은 아내에게만 주어진 것이 아니고 모든 그리스도인들이 서로에게 복종하라는 가르침이다. 바울은 가부장이 아내, 자녀, 종에 대한 권력과 권위를 가졌던 로마 가정 규칙을 비판 없이 따르지 않는다. 그는 '복종'에 대한 일반적인 이해에 도전하고 그리스도에 대한 두려움에 기초한, 권위와 권세를 가진 사람들에게도 적용되어야 할 '복종'의 새로운 의미와 관행을 제시한다. **바울의 훈계의 이러한 변혁적인 본질은 믿지 않는 이웃에 대한 성도들의 구별됨과 특히 가부장들이 가져야 할 선교적 사명의 열쇠이다.**

가부장들은 서신의 이전 부분에서 그리스도께서 교회를 위해 무엇을 하셨는지, 그리고 그분이 교회를 어떻게 사랑하셨는지 배웠을 것이다. 예수 그리스도께서는 그의 피로 그들을 하나님께 가까이 데려 오셨고(2:13), 그의 육체로 중간에 막힌 담을 허무셨다(2:14).

그들은 자신들을 위해 죽으신 그리스도를 믿는 믿음을 통해 옛 사람에서 새 사람으로 새롭게 창조되었다(4:22-24).

그리스도 안에서 진리를 듣고 그리스도와 그의 백성 사이의 관계를 이해한 가부장들은, 그리스도께서 교회를 사랑하시고 그들을 위해 자신을 내어 주신 것처럼 아내를 사랑하도록 가르침을 받았다(5:25). 남편은 아내를 돌보는 데 있어서 아내가 요구 받는 변화보다 더 근본적인 변화를 요구받는다. 아버지는 자신의 할아버지, 아버지가 했던 것처럼 더 이상 자녀들을 가혹하게 대하거나 때림으로써 자녀들이 화나게 하지 않고 새로운 방법으로 주님의 징계와 교훈으로 인도할 것이다(6:4). 종과의 관계에서 종들이 두려움과 떨림으로 주인에게 순종하고, 그리스도의 종으로서 선의로 하나님의 뜻을 행하도록 권고 받았듯이(6:6-7), 주인들도 종들에게 똑같이 하도록 권고를 받고 있다. 주인은 종을 잔인하게 대하거나 자신들의 이익을 위해 착취하지 않고 하늘에 같은 주인을 모시고 있는 형제처럼 종들을 감독할 것이다(6:9). **가정에서 가장 큰 변화를 요구받는 것은 힘을 가진 가부장인 것이 분명하다.**

바울이 '종속된 구성원인 자들에게 복종하라'고 명령한 것은 남편, 아버지, 주인에게는 도전적이고 성가신 명령이 될 수 있다. 그들은 전적인 권한을 가진 가정의 통치자였고, 로마 문화는 그들로 하여금 가족 구성원에게 복종하게끔 요구하지 않는다. '복종'이라는 단어는 가부장에게 해당되는 말이 아니다. 이 명령은 힘의 중심에서 주변으로 섬김을 받는 자리에서 섬기는 자리로 내려오라는 명령임과 동시에 다른 가정의 가부장들이 봤을 때 이해가 안 가는 혹은 조롱거리가 되는 행동을 해야 한다는 말이었을 것이다. 이러한 관점과 맥락에서 볼 때, **새로운 가정 규범은 가부장이 다른 가족 구성원보다 더 극적으로 변화되어야 한다고 요구한다. 이 요구는 단순히 윤리적으로 더 나은 인간이 되라는 것을 넘어서 당시 사회에서는 불가능하게 여겨지는 사회적 불가능성을 극복하고 새로운 기준을 세우는 거듭난 사람이 되라는 명령이다.**

에베소 가정 규범은 성도들에게, 특히 가족과의 관계에 있어서, 두려움으로 그리스도께 복종하듯이 다른 사람에게 복종해야 한다고 가르친다. **'복종'은 예전에는 힘이 없는 사람에게만 해당되었지만 이제는 그리스도의 권위에 복종한 모든 사람에게 적용된다.** 그것은 믿는 공동체에게 도전이 됨과 동시에 구별되는 독특한 특징이다. 주님께 대한 충성은 그들로 하여금 하나님의 뜻에 따라 행동할 수 있게 한다. 이는 하나님 안에서 새 창조물이 되고 서로에 대해 변화된 행동을 함으로써 세상의 빛으로서 창조의 목적인 선한 일을 하는 것이다.

에베소 가정 규범을 따르는 가족 구성원의 행동은 로마 세계와 구별되는 윤리적 행동을 보여준다. 성령으로 충만해진 그리스도인 가족 구성원의 구별된 행동은 로마 세계에서는 불가능했던 것을 가능하게 하며 세속 사회에 도전적이며, 불신자들로 하여금 변화의 원인에 대해 묻게 할 수 있다(벧전 3:15). 따라서 **에베소서의 새로운 가정 규범은 어그러진 가족관계를 회복시키는 면에서 치유적이**

고 믿지 않는 자들에게 새로운 빛을 비추는 면에서 선교적이다 (5:7). 초기 기독교인들은 비록 로마사회로부터 부정적인 인식을 받았고 때로는 희생양이 되어 박해와 억압을 당했지만, 그리스도의 새로운 규범을 제시하고 또한 규범에 따라 살아감으로써 사람들을 그리스도에게로 이끌었다. 이는 세상의 힘으로 사람들을 이끈 것이 아니고 에베소서에 나타난 가부장들의 예처럼 힘을 내려놓음으로써 이루어진, 중심에서 벗어난 변방의 능력으로 이끈 것이다.

서신의 마지막 부분에서 바울은 에베소 교인들에게 모든 성도와
자신을 위해 모든 기도와 간구로 깨어 있으라고 요청한다(6:18-20).
이 요청은 악한 세력에 대한 전쟁은 그리스도의 하나된 몸에 의해
서만 이길 수 있다는 것을 상기시키는 것이고 서로를 위한 기도의
촉구이다(6:18). 바울의 이 마지막 요청은 서신의 두드러진 주제인
성도들의 하나됨과 일치한다. 성도들의 하나됨은 서로를 위해 기
도하고 함께 영적인 싸움을 벌일 때 더욱 견고해진다. 그러나 바울
은 거기서 멈추지 않는다. 바울은 기도를 요청하는 이유가 자신의
개인적 안전이 아니라 "복음의 비밀을 담대히 알리기 위함"(6:19)이
라고 분명히 말한다. 바울의 이 마지막 요청은 에베소서 시작 부분
을 생각하게 한다. 바울은 에베소서 1장에서 하나님께서 그리스도

안에서 모든 것을 통일시키려는 하나님의 비밀을 알리셨다고 선언했다(1:9). 그는 자신이 에베소 교인들에게 보내는 이 서신의 궁극적인 목적이 성도들의 하나됨을 넘어서 세상에 하나님의 계획의 비밀을 알리고 그 하나님의 선교에 참여하도록 성도들이 준비되는 것임을 마지막 요청에서 다시 한번 확인하고 있다.

바울은 에베소서 교인들이 하나님의 선교의 거대서사 안에서 구약의 하나님의 백성의 연속선상에 있는 하나님의 백성임을 보여준다. 또한 하나님의 선교의 시작과 끝은 삼위일체 하나님이심을 에베소서 초반의 찬송시와 마지막 부분의 전신갑주를 통해서 강조하고 있으며 에베소서 교인들이 부르심과 보내심 그리고 공동체적인 기념을 하는 정체성을 가지고 있음을 보여주고 있다. 세상에 보내심을 받은 공동체는 세상과 구별되는 하나님의 선교의 참여자이다. 그리고 이 참여는 선교적 연합, 은사, 성숙, 성장, 단절, 윤리, 그리고 사회학적 불가능성을 넘어섬으로 실현된다. 에베소서의 선교적 읽기를 통해서 발견된 점들은 한국교회에도 시사하는 바가 적지 않다. 우리는 어떠한 공동체인가? 우리는 하나님의 은혜를 충분히 기념하고 기억하고 있는가? 한국교회는 과연 선교적 공동체로서 하나님께서 우리에게 참여하도록 부르시고 보내시는 하나님의 선교에 충실히 참여하고 있는가? 바울은 지금 에베소서를 쓰면서 꿈꾸던 선교와 공동체가 우리 안에 이루어지고 있는지를 질문하고 있다.

찰스 크랩. 2004. 『복음과 커뮤니케이션: 어떻게 메시지를 전할 것인가?』. 김동화 역. 서울: IVP.

Arnold, Clinton E. 2010. *Ephesians*. Zondervan Exegetical Commentary Series on the New Testament, Vol. 10. Grand Rapids, MI: Zondervan. Logos Bible.

Ashkenaz, Asif. 2014. "The Pakistani Church: A Critical View of Its State." Paper presented at the faculty meeting of Zarephath Bible Seminary, Rawalpindi, Pakistan, April 14, 2016.

Barth, Markus. 1974a. *Ephesians: Introduction, Translation, Commentary on Chapters 1-3*. 1st ed. The Anchor Bible, Vol. 34. Garden City, N.Y: Doubleday & Company.

_____. 1974b. *Ephesians: Translation and Commentary on Chapters 4-6*. 1st ed. The Anchor Bible, Vol. 34A. Garden City, N.Y: Doubleday & Company.

Bauckham, Richard. 2003. *Bible and Mission: Christian Witness in a Postmodern World*. Grand Rapids, MI: Baker Academic.

_____. 2004. "Biblical Theology and the Problems of Monotheism." In *Out of Egypt: Biblical Theology and Bibical Interpretation.* Scripture and Hermeneutics Series. Edited by Craig Bartholomew, Mary Healy, Karl Moller, and Robin Parry, 187–232. Grand Rapids, MI: Zondervan. Kindle.

Baugh, S. M. 2015. *Ephesian.* Evangelical Exegetical Commentary Series. Bellingham, WA: Lexham Press. Logos Bible.

Best, Ernest. 1997. "Two Types of Existence." In *Essays on Ephesians*, 139–55. Edinburgh: T & T Clark.

_____. 1998. *A Critical and Exegetical Commentary on Ephesians.* London; New York: T & T Clark.

Calvin, John. 2012. *Commentaries on St. Paul's Epistle to the Romans.* Translated by John King. Altenmünster, Germany: Jazzybee Verlag. Perlego.

Carson, D. A. 1991. *The Gospel According to John.* The Pillar New Testament Commentary. Grand Rapids, MI: Wm. B. Eerdmans Publishing.

Cohick, Lynn H. 2013. "Women, Children, and Families in the Greco-Roman World." In *The World of the New Testament: Cultural, Social, and Historical Contexts*, Edited by Joel B. Greens and Lee Martin McDonald, 179–87. Grand Rapids, MI: Baker Academic.

Dahl, Nils A. 1978. "Interpreting Ephesians: Then and Now." *Current in Theology and Mission* 5, no. 3 (July): 133–43.

Fee, Gordon. 2017. "The Cultural Context of Ephesians 5:18–6:9." *Priscilla Papers* 31, no. 4 (Autumn): 4–8. Accessed 15 May 2020. https://www.cbeinternational.org/resource/article/priscilla-papers-academic-journal/cultural-context-ephesians-518–69.

Ferguson, Everett. 1993. *Backgrounds of Early Christianity.* 2nd ed. Grand Rapids, MI: Wm. B. Eerdmans Publishing.

Goheen, Michael W. 2009. "'As the Father Has Sent Me, I Am Sending You': Lesslie Newbigin's Missionary Ecclesiology." *International Review of Mission* 91, no. 362 (July): 354–69.

_____. 2016. "A History and Introduction to a Missional Reading of the

Bible." In *Reading the Bible Missionally*. The Gospel and Our Culture Series. Edited by Michael Goheen, 3‒27. Grand Rapids, MI: Wm. B. Eerdmans Publishing.

_____. 2018. *The Church and Its Vocation: Lesslie Newbigin's Missionary Ecclesiology*. Grand Rapids, MI: Baker Academy.

Hoehner, Harold W. 2002. *Ephesians: An Exegetical Commentary*. Grand Rapids, MI: Baker Academics. Perlego.

Hunsberger, George R. 2011. "Proposals for a Missional Hermeneutic: Mapping a Conversation." *Missiology* 39, no. 3 (July): 309‒21.

Lincoln, Andrew T. 1990. *Ephesians*. Word Biblical Commentary, Vol. 42. Dallas, TX: Word Books, Publ. Logos Bible.

Meeks, Wayne A. 2003. *The First Urban Christians: The Social World of the Apostle Paul*. 2nd ed. New Haven, CT: Yale University Press.

Morgan, Teresa. 2007. *Popular Morality in the Early Roman Empire*. New York: Cambridge University Press.

Morris, Leon. 1995. *The Gospel According to John*. The New International Commentary on the New Testament. Rev. ed. Grand Rapids, MI: Wm. B. Eerdmans Publishing. Logos Bible.

Newbigin, Lesslie. 1954. *The Household of God*. N.Y: Friendship Press.

_____. 1995. *The Open Secret: An Introduction to the Theology of Mission*. Rev. ed. Grand Rapids, MI: Wm. B. Eerdmans Publishing. Kindle.

_____. 2006. *Trinitarian Doctrine for Today's Mission*. Eugene, OR: Wipf and Stock.

Osborne, Grant R. 2006. *The Hermeneutical Spiral: A Comprehensive Introduction to Biblical Interpretation*. 2nd ed. Downers Grove, IL: Intervarsity Press. Perlego.

Simon, Mark A. 2021. *Living to the Praise of God's Glory: A Missional Reading of Ephesians*. Eugene, OR: Wipf and Stock. Kindle.

Stott, John R. W. 1979. *The Message of Ephesians: God's New Society*. Leicester: InterVarsity Press. Kindle.

Turner, Max. 2008. "Ephesians." In *Theological Interpretation of the New*

Testament: A Book-by-Book Survey. Edited by Kevin J. Vanhoozer, Daniel J. Treier, and N. T. Wright, 124–33. Grand Rapids, MI: Baker Academic.

Schottroff, Luise. 1995. *Lydia's Impatient Sisters: A Feminist Social History of Early Christianity*. Translated by Helen Heron. Edinburgh: T & T Clark.

Van Aarde, T.A. 2017. "The Missional Church Structure and the Priesthood of all Believers (Ephesians 4:7–16) in the Light of the Inward and Outward Function of the Church." *Verbum et Ecclesia* 38, no. 1: a1709. Accessed 16 December 2019. https://doi.org/10.4102/ve.v38 i1.1709.

Walden, Wayne. 2003. "Ephesians 5:21: A Translation Note." *Restoration Quarterly* 45, no. 4: 254.

Wright, Christopher J. H. 2004. "Mission as Matrix for Hermeneutics and Biblical Theology." In *Out of Egypt: Biblical Theology and Bibical Interpretation*. Scripture and Hermeneutics Series. Edited by Craig Bartholomew, Mary Healy, Karl Moller, and Robin Parry, 102–43. Grand Rapids, MI: Zondervan. Kindle.

_____. 2006. *The Mission of God: Unlocking the Bible's Grand Narrative*. Downers Grove, IL: IVP Academic.

_____. 2010. *The Mission of God's People: A Biblical Theology of the Church's Mission*. Grand Rapids, MI: Zondervan.

_____. 2013. *Salvation Belongs to Our God: Celebrating the Bible's Central Story*. Global Church Library Series. Edited by David Smith and Joe M. Kapoly. Carlisle, UK: Langham Global Library. Kindle.

들어가는 말

1 내가 일하는 신학교의 아쉬케나즈 아시프 칸(Ashkenaz Asif Khan) 학장은 파키스탄 기독교인들에게는 최소한 다섯 개의 정체성이 서로 맞물려 있다고 한다. 여기에는 정부에 등록되어 있는 파키스탄 국민으로서의 정체성, 파키스탄 내의 소수 종교인으로서의 정체성, 불가촉 천민의 후손으로서 가지는 종족적인 정체성, 사회적으로 하부 계층을 이루고 있는 사회 경제적인 정체성, 그리스도를 구주로 고백하는 영적인 정체성들이 포함되어 있다. 이러한 다양한 정체성들이 기독교인을 정의한다고 할 때 어느 정체성이 얼마나 한 사람의 삶에 영향을 끼치는지 알기는 쉽지 않다고 아쉬케나즈 학장은 이야기한다.

1_바울의 선교편지

2 에베소서의 수신자에 대해서는 신약 학자들 간에 다양한 의견이 존재한다. 논쟁은 "에베소에 있는"(ἐν Ἐφέσῳ)이 원본에 포함이 되어 있느냐를 중심으로 벌어진다. 다양한 의견 가운데 확실한 증거를 가진 것이 없으므로 이

책은 "에베소에 있는"(ἐν Ἐφέσῳ)이 바울의 서신의 일부이고 서신의 제목 또한 이를 뒷받침하므로 에베소와 주변에 있는 그리스도인 공동체가 수신 자라는 입장을 받아들인다.

3 Wright 2006, 34-37.

4 Turner 2008, 130.

5 Goheen 2009, 355.

6 ibid. 2009, 354.

7 Stott 1979, 297.

8 Goheen 2018, 19.

2_구약에 잇댄 하나님 백성의 형성

9 Arnold 2010, 72-3.

10 Baugh 2015, 76.

11 Wright 2006, 498.

3_삼위일체 하나님의, 하나님에 의한, 하나님을 위한 선교

12 Bauckham 2004, 210.

13 원문의 헬라어 단어인 '에이레네'가 한글 개역개정판에서는 평강/평안/화평으로 구절마다 다양하게 번역되었다.

14 Wright 2006, 331.

15 Newbigin 2006, 33.

4_부르심, 공동체적 기념, 보내심이 있는 공동체

16 Wright 2006, 275.

17 Dhal 1978, 136.

18 교회의 원문은 헬라어로 '에클레시아'인데 이는 '밖으로'(에크) '부르다'(칼레오)를 어원으로 하고 있고 밖으로 불러낸 자들이라는 뜻이다.

[19] Bauckham 2003, 14.

[20] Arnold 2010, 80.

[21] Arnold 2010, 88.

[22] Hoehner 2002, 가정 규범, 보충자료 7.

5_하나님의 선교의 참여자

[23] Arnold 2010, 37.

[24] ibid. 2010, 243; Baugh 2015, 314.

[25] 이것은 한 지역교회의 성장을 이야기하는 것이 아니다.

[26] 헬라어 원문에서는 부정과거형이 쓰여졌는데 이 시제는 이미 어떠한 일이 이루어졌고 현재에까지 그 영향을 미치고 있는 것을 나타내는 시제이다.

[27] Best 1998, 443.

[28] Best 1997, 147.

[29] Teresa Morgan 2007, 177-90.

[30] Cohick 2013, 179.

[31] Fee 2017, 6.

[32] Cohick 2013b, 180.

[33] Meek 2003, 23.

[34] Schottroff 1995, 24.

[35] Baugh 2015, 514.

[36] Lincoln 1990, 421.

[37] Ferguson 1993, 58.